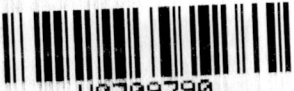

〔清〕福隆安　等纂

清史研究資料叢編

欽定五軍道里表

4

中華書局

第四册目録

欽定五軍道里表十八卷（之四：卷十四至十八）

〔清〕福隆安 等纂

欽定五軍道里表十八卷

（之四：卷十四至十八）

清乾隆四十四年（一七七九）武英殿刻本

欽定五軍道里表卷之十四

四川

成都府屬軍犯編發附近近邊地方

附近
東至湖北宜昌府
巴東縣
南至雲南曲靖府
馬龍州
又至雲南府

近邊
東至湖北宜昌府
東湖縣
又至荆州府
枝江縣
宜都縣

昆明縣
西至土司界不足二千里
北至陝西興安州
洵陽縣
又至鳳翔府
汧陽縣
隴州
岐山縣
扶風縣
又至乾州
武功縣

又至安陸府
當陽縣
南至抵邊不足二千五百里
西至抵邊不足二千五百里
北至甘肅鞏昌府
伏羌縣
寧遠縣
又至陝西西安府
同官縣
又至同州府
華陰縣

以上除西外東南北俱
二千里

又至鄜州
宜君縣
又至山西蒲州府
永濟縣
以上除南西外東北俱二千五
百里

成都府屬軍犯編發邊遠極邊地方

邊遠

東至湖北安陸府

京山縣

天門縣

南至抵邊不足三千里

西至抵邊不足三千里

北至甘肅鞏昌府

會寧縣

又至平涼府

極邊

東至安徽安慶府

宿松縣

太湖縣

潛山縣

又至湖北黃州府

黃梅縣

又至江西九江府

德化縣

靜寧州
又至蘭州府
皋蘭縣
又至陝西延安府
膚施縣
又至山西平陽府
曲沃縣
臨汾縣
以上除南西外東北俱
三千里

南至抵邊不足四千里
西至抵邊不足四千里
北至甘肅甘州府
張掖縣
山丹縣
又至山西代州
又至大同府
山陰縣
以上除南西外東北俱四千里

成都府屬軍犯編發烟瘴地方

烟瘴

應發烟瘴人犯解赴廣東
巡撫衙門酌撥安置

欽定五軍道里表　卷十四

四

資州

綿州

茂州屬軍犯編發附近近邊地方

附近

東至湖北宜昌府

巴東縣

南至雲南曲靖府

馬龍州

又至雲南府

近邊

東至湖北宜昌府

東湖縣 [illegible]

又至荊州府 [illegible]

枝江縣

又宜都縣

昆明縣
西至土司界不足二千里
北至陝西興安州
洵陽縣
又至鳳翔府
汧陽縣
隴州
岐山縣
扶風縣
又至乾州
武功縣

又至安陸府
當陽縣
南至抵邊不足二千五百里
西至抵邊不足二千五百里
北至甘肅鞏昌府
伏羌縣
寧遠縣
又至陝西西安府
同官縣
又至同州府
華陰縣

以上除西外東南北俱
二千里

又至鄜州
宜君縣
又至山西蒲州府
永濟縣
以上除南西外東北俱二千五
百里

資州

綿州

茂州屬軍犯編發邊遠極邊地方

邊遠

東至湖北安陸府

京山縣

天門縣

南至抵邊不足三千里

西至抵邊不足三千里

極邊

東至安徽安慶府

宿松縣

太湖縣

潛山縣

又至湖北黃州府

北至甘肅鞏昌府
會寧縣
又至平涼府
靜寧州
又至蘭州府
臯蘭縣
又至陝西延安府
膚施縣
又至山西平陽府
曲沃縣
臨汾縣

黄梅縣
又至江西九江府
德化縣
南至抵邊不足四千里
西至抵邊不足四千里
北至甘肅甘州府
張掖縣
山丹縣
又至山西代州
又至大同府
山陰縣

以上除南西外東北俱三千里

以上除南西外東北俱四千里

資州

綿州

茂州屬軍犯編發烟瘴地方

烟瘴

應發烟瘴人犯解赴廣東

巡撫衙門酌撥安置

保寧府屬軍犯編發附近近邊地方

附近

東至湖北宜昌府
巴東縣
歸州
南至貴州大定府
畢節縣
西至甘肅秦州
又至鞏昌府
伏羌縣

近邊

東至湖北荆州府
松滋縣
江陵縣
又至安陸府
當陽縣
荆門州
南至貴州安順府
鎮寧州

永寧州
清鎮縣
又至南籠府
安南縣
又至貴陽府
貴筑縣
龍里縣
貴定縣
西至甘肅蘭州府
狄道州
皋蘭縣

北至陝西邠州
長武縣
又至西安府
耀州
同官縣
渭南縣
又至同州府
華州
華陰縣
又至甘肅涇州
以上俱二千里

北至陝西延安府
膚施縣
甘泉縣
又至山西平陽府
曲沃縣
又至絳州
聞喜縣
以上俱二千五百里

欽定五軍道里表　卷十四

十二

保寧府屬軍犯編發邊遠極邊地方

邊遠

東至湖北漢陽府
漢川縣
又至安陸府
天門縣
南至貴州思州府
青溪縣
玉屏縣
西至甘肅涼州府

極邊

東至安徽安慶府
懷寧縣
桐城縣
又至池州府
貴池縣
又至江西南康府
建昌縣
又至南昌府

平番縣
古浪縣
北至陝西綏德州
米脂縣
清澗縣
又至山西汾州府
介休縣
平遥縣
以上俱三千里

南昌縣
新建縣
南至湖南常德府
桃源縣
武陵縣
又至澧州
西至抵邊不足四千里
北至抵邊不足四千里
以上除西北外東南俱四千里

保寧府屬軍犯編發烟瘴地方

烟瘴

應發烟瘴人犯解赴廣東

巡撫衙門酌撥安置

順慶府屬軍犯編發附近近邊地方

附近

東至湖北宜昌府

東湖縣

南至貴州大定府

畢節縣

西至抵邊不足二千里

北至陝西乾州

永壽縣

又至邠州

近邊

東至湖北安陸府

潛江縣

京山縣

又至荊州府

公安縣

南至貴州大定府

黔西州

平遠州

三水縣

又至西安府

興平縣

咸陽縣

長安縣

咸寧縣

臨潼縣

又至甘肅秦州

清水縣

以上除西外東南北俱

二千里

威寧州

又至安順府

清鎮縣

西至抵邊不足二千五百里

北至甘肅鞏昌府

隴西縣

又至蘭州府

渭源縣

又至陝西鄜州

中部縣

洛川縣

又至山西蒲州府
臨晉縣
猗氏縣
又至解州
安邑縣
夏　縣
以上除西外東南北俱二千五
百里

順慶府屬軍犯編發邊遠極邊地方

邊遠

東至湖北漢陽府
漢陽縣
又至武昌府
江夏縣
武昌縣
又至黃州府
黃岡縣
南至抵海不足三千里

極邊

東至安徽池州府
貴池縣
青陽縣
又至寧國府
南陵縣
又至廬州府
合肥縣
又至江西南昌府

西至抵邊不足三千里
北至甘肅蘭州府
皋蘭縣
又至凉州府
平番縣
又至陝西延安府
延長縣
延川縣
又至綏德州
清澗縣
又至山西平陽府

進賢縣
又至撫州府
東鄉縣
南至抵海不足四千里
西至抵邊不足四千里
北至山西大同府
應　州
懷仁縣
大同縣
以上除南西外東北俱四千里

洪洞縣

又至霍州

趙城縣

以上除南西外東北俱

三千里

順慶府屬軍犯編發烟瘴地方

烟瘴

應發烟瘴人犯解赴廣東
巡撫衙門酌撥安置

欽定五軍道里表　卷一四

叙州府屬軍犯編發附近近邊地方

附近

東至湖北宜昌府

巴東縣

歸州

南至貴州思州府

青溪縣

玉屏縣

西至抵番不足二千里

北至陝西漢中府

近邊

東至湖北荊州府

松滋縣

江陵縣

又至安陸府

荊門州

鍾祥縣

南至湖南常德府

桃源縣

南鄭縣

城固縣

洋　縣

褒城縣

以上除西外東南北俱二千里

西至抵番不足二千五百里

北至陝西鳳翔府

鳳翔縣

寶雞縣

以上除西外東南北俱二千五百里

叙州府屬軍犯編發邊遠極邊地方

邊遠

東至湖北安陸府
天門縣
又至漢陽府
漢川縣
漢陽縣
南至抵海不足三千里
西至抵番不足三千里
北至甘肅秦州

極邊

東至安徽安慶府
懷寧縣
桐城縣
又至池州府
貴池縣
又至廬州府
舒城縣
又至江西南康府

清水縣	建昌縣
又至陝西西安府	又至南昌府
咸陽縣	南昌縣
長安縣	新建縣
咸寧縣	南至抵海不足四千里
三原縣	西至抵番不足四千里
臨潼縣	北至陝西綏德州
渭南縣	清澗縣
以上除南西外東北俱	又至延安府
三千里	延長縣
	延川縣

又至山西霍州

靈石縣

以上除南西外東北俱四千里

叙州府屬軍犯編發烟瘴地方

烟瘴

應發烟瘴人犯解赴廣東
巡撫衙門酌撥安置

叙永廳屬軍犯編發附近近邊地方

附近

東至湖北宜昌府

巴東縣

歸州

南至貴州思州府

青溪縣

玉屏縣

西至抵番不足二千里

北至陜西漢中府

近邊

東至湖北荆州府

松滋縣

江陵縣

又至安陸府

荆門州

鍾祥縣

南至湖南常德府

桃源縣

南鄭縣
城固縣
洋　縣
褒城縣
以上除西外東南北俱
二千里

西至抵番不足二千五百里
北至陝西鳳翔府
鳳翔縣
寶雞縣
以上除西外東南北俱二千五
百里

叙永廳屬軍犯編發邊遠極邊地方

邊遠

東至湖北安陸府
天門縣
又至漢陽府
漢川縣
漢陽縣
南至抵海不足三千里
西至抵番不足三千里
北至甘肅秦州

極邊

東至安徽安慶府
懷寧縣
桐城縣
又至池州府
貴池縣
又至廬州府
舒城縣
又至江西南康府

清水縣
又至陝西西安府
咸陽縣
長安縣
咸寧縣
三原縣
臨潼縣
渭南縣
以上除南西外東北俱
三千里

建昌縣
又至南昌府
南昌縣
新建縣
南至抵海不足四千里
西至抵番不足四千里
北至陝西綏德州
清澗縣
又至延安府
延長縣
延川縣

又至山西霍州

靈石縣

以上除南西外東北俱四千里

叙永廳屬軍犯編發烟瘴地方

烟瘴

應發烟瘴人犯解赴廣東

廵撫衙門酌撥安置

重慶府屬軍犯編發附近近邊地方

附近

東至湖北荊州府

江陵縣

公安縣[illegible]

又至安陸府

潛江縣

鍾祥縣[illegible]

京山縣[illegible]

南至廣西柳州府

近邊

東至湖北漢陽府

漢陽縣

又至武昌府

江夏縣[illegible]二千五

又至黃州府

又黃岡縣[illegible]

南至抵海不足二千五百里

西至抵番界足[illegible]千五百里

懷遠縣

西至抵番不足二千里

北至陝西漢中府

沔　縣

褒城縣

以上除西外東南北俱

二千里

北至陝西漢中府

鳳　縣

又至鳳翔府

寶雞縣

以上除南西外東北俱二千五

百里

重慶府屬軍犯編發邊遠極邊地方

邊遠

東至江西九江府

瑞昌縣

德化縣

又至湖北武昌府

興國州

又至黃州府

黃梅縣

又至安徽安慶府

極邊

東至江西廣信府

玉山縣

又至浙江衢州府

常山縣

南至抵海不足四千里

西至抵番不足四千里

北至甘肅蘭州府

皋蘭縣

宿松縣
太湖縣
南至抵海不足三千里
西至抵番不足三千里
北至陝西鳳翔府
隴州
又至西安府
興平縣
咸陽縣
又至乾州
武功縣

又至陝西延安府
延長縣
又至山西平陽府
臨汾縣
洪洞縣
又至霍州
趙城縣
以上除南西外東北俱四千里

又至甘肅秦州

清水縣

以上除南西外東北俱

三千里

重慶府屬軍犯編發烟瘴地方

烟瘴

應發烟瘴人犯解赴廣東
巡撫衙門酌撥安置

欽定五軍道里表　卷十四

忠州屬軍犯編發附近近邊地方

附近

東至湖北荊州府

江陵縣

公安縣 [illegible]

又至安陸府

潛江縣

[illegible]鍾祥縣 [illegible]

[illegible]京山縣 [illegible]二千里

南至廣西柳州府

近邊

東至湖北漢陽府

漢陽縣

又至武昌府

江夏縣 [illegible]二千五

又至黃州府

[illegible]黃岡縣 [illegible]

南至抵海不足二千五百里

西至抵番不足二千五百里

懷遠縣
西至抵番不足二千里
北至陝西漢中府
沔　縣
褒城縣
以上除西外東南北俱
二千里

北至陝西漢中府
鳳　縣
又至鳳翔府
寶雞縣
以上除南西外東北俱二千五
百里

忠州屬軍犯編發邊遠極邊地方

邊遠

東至江西九江府
瑞昌縣
德化縣
又至湖北武昌府
興國州
又至黃州府
黃梅縣
又至安徽安慶府

極邊

東至江西廣信府
玉山縣
又至浙江衢州府
常山縣
南至抵海不足四千里
西至抵番不足四千里
北至甘肅蘭州府
皐蘭縣

宿松縣
太湖縣
南至抵海不足三千里
西至抵番不足三千里
北至陝西鳳翔府
隴州
又至西安府
興平縣
咸陽縣
又至乾州
武功縣

又至陝西延安府
延長縣
又至山西平陽府
臨汾縣
洪洞縣
又至霍州
趙城縣
以上除南西外東北俱四千里

又至甘肅秦州

清水縣

以上除南西外東北俱

三千里

忠州屬軍犯編發烟瘴地方

烟瘴

應發烟瘴人犯解赴廣東
廵撫衙門酌撥安置

夔州府屬軍犯編發附近近邊地方

附近

東至湖北武昌府

典國州

又至黄州府

廣濟縣

又至江西九江府

瑞昌縣

南至貴州大定府

黔西州

近邊

東至安徽安慶府

懷寧縣

桐城縣

又至池州府

貴池縣

又至廬州府

舒城縣

又至江西南昌府

平遠州
威寧州
又至安順府
清鎮縣
西至本省成都府
灌　縣
北至本省綿州
德陽縣
以上俱二千里

南昌縣
新建縣
南至貴州都匀府
清平縣
又至平越府
黄平州
西至抵番不足二千五百里
北至本省保寧府
昭化縣
廣元縣
又至陝西漢中府

寧羌州

以上除西外東南北俱二千五百里

夔州府屬軍犯編發邊遠極邊地方

邊遠

東至安徽和州

含山縣

又至江蘇江寧府

江浦縣

又至江西廣信府

興安縣

上饒縣

南至貴州思州府

極邊

東至抵海不足四千里

南至湖南長沙府

長沙縣

善化縣

益陽縣

寧鄉縣

西至抵番不足四千里

北至甘肅秦州

玉屏縣
西至抵番不足三千里
北至陝西漢中府
沔　縣
褒城縣
以上除西外東南北俱
三千里

淸水縣
以上除東西外南北俱四千里

夔州府屬軍犯編發烟瘴地方

烟瘴

應發烟瘴人犯解赴廣東
巡撫衙門酌撥安置

達州屬軍犯編發附近近邊地方

附近

東至湖北武昌府

興國州

又至黄州府

廣濟縣

又至江西九江府

瑞昌縣

南至貴州大定府

黔西州

近邊

東至安徽安慶府

懷寧縣

桐城縣

又至池州府

貴池縣

又至廬州府

舒城縣

又至江西南昌府

平遠州
威寧州
又至安順府
清鎮縣
西至本省成都府
灌　縣
北至本省綿州
德陽縣
以上俱二千里

南昌縣
新建縣
南至貴州都匀府
清平縣
又至平越府
黄平州
西至抵番不足二千五百里
北至本省保寧府
昭化縣
廣元縣
又至陜西漢中府

寧羌州

以上除西外東南北俱二千五百里

欽定五軍道里表

卷一四

達州屬軍犯編發邊遠極邊地方

邊遠

東至安徽和州
含山縣
又至江蘇江寧府
江浦縣
又至江西廣信府
北至興安縣
西至饒縣
南至貴州思州府

極邊

東至抵海不足四千里
南至湖南長沙府
長沙縣
善化縣
益陽縣
寧鄉縣
西至抵番界不足四千里
北至甘肅秦州

玉屏縣
西至抵番不足三千里
北至陝西漢中府
沔縣
褒城縣
以上除西外東南北俱
三千里

清水縣
以上除東西外南北俱四千里

達州屬軍犯編發烟瘴地方

烟瘴

應發烟瘴人犯解赴廣東
巡撫衙門酌撥安置

欽定五軍道里表　卷十四

龍安府屬軍犯編發附近近邊地方

附近

東至本省夔州府
萬縣
南至貴州大定府
威寧州
又至安順府
鎮寧州
清鎮縣
又至貴陽府

近邊

東至本省夔州府
巫山縣
又至湖北宜昌府
巴東縣
南至雲南曲靖府
霑益州
馬龍州
又至雲南府

貴筑縣
又至雲南曲靖府
宣威州
西至抵番不足二千里
北至陜西鳳翔府
汧陽縣
隴　州
岐山縣
扶風縣
又至乾州
武功縣

昆明縣
西至抵番不足二千五百里
北至甘肅秦州
又至鞏昌府
伏羌縣
寧遠縣
又至陜西西安府
耀　州
同官縣
又至同州府
華　州

以上除西外東南北俱
二千里

華陰縣
又至鄜州
宜君縣
又至山西蒲州府
永濟縣
以上除西外東南北俱二千五
百里

欽定五軍道里表　卷

龍安府屬軍犯編發邊遠極邊地方

邊遠

東至湖北宜昌府
東湖縣
又至荊州府
宜都縣
南至抵邊不足三千里
西至抵番不足三千里
北至甘肅蘭州府
狄道州

極邊

東至湖北武昌府
江夏縣
武昌縣
又至黃州府
黃岡縣
南至抵邊不足四千里
西至抵番不足四千里
北至山西代州

臯蘭縣

又至陜西延安府

膚施縣

又至山西平陽府

曲沃縣

臨汾縣

以上除南西外東北俱

三千里

崞　縣

又至朔平府

馬邑縣

又至大同府

山陰縣

又至甘肅甘州府

山丹縣

以上除南西外東北俱四千里

龍安府屬軍犯編發烟瘴地方

烟瘴

應發烟瘴人犯解赴廣東

巡撫衙門酌撥安置

潼川府屬軍犯編發附近近邊地方

附近

東至湖北宜昌府
巴東縣
歸　州
南至貴州貴陽府
貴筑縣
龍里縣
貴定縣
又至安順府

近邊

東至湖北荊州府
宜都縣
枝江縣
松滋縣
江陵縣
又至安陸府
當陽縣
荊門州

永寧州
又至南籠府
安南縣
又至平越府
平越縣
又至雲南曲靖府
宣威州
西至抵邊不足二千里
北至陝西興安州
洵陽縣
白河縣

南至貴州思州府
青溪縣
玉屏縣
又至雲南雲南府
昆明縣
西至抵邊不足二千五百里
北至甘肅鞏昌府
寧遠縣
隴西縣
又至陝西鄜州
中部縣

又至西安府
興平縣
咸陽縣
長安縣
咸寧縣
又至甘肅秦州
清水縣
以上除西外東南北俱
二千里

洛川縣
又至山西蒲州府
永濟縣
臨晉縣
猗氏縣
又至解州
安邑縣
以上除西外東南北俱二千五
百里

潼川府屬軍犯編發邊遠極邊地方

邊遠

東至湖北安陸府
天門縣
又至漢陽府
漢川縣
南至廣西柳州府
柳城縣
馬平縣
西至抵邊不足三千里

極邊

東至安徽安慶府
潛山縣
懷寧縣
桐城縣
又至江西九江府
德安縣
又至南康府
建昌縣

北至甘肅平凉府
靜寧州
隆德縣
又至陝西延安府
延長縣
延川縣
又至山西平陽府
臨汾縣
洪洞縣
又至霍州
趙城縣

又至南昌府
南昌縣
新建縣
南至廣西平樂府
富川縣
賀縣
西至抵邊不足四千里
北至甘肅甘州府
張掖縣
山丹縣
又至山西大同府

以上除西外東南北俱三千里

山陰縣

應州

懷仁縣

以上除西外東南北俱四千里

潼川府屬軍犯編發烟瘴地方

烟瘴

應發烟瘴人犯解赴廣東

巡撫衙門酌撥安置

嘉定府屬軍犯編發附近近邊地方

附近

東至本省夔州府
巫山縣
又至湖北宜昌府
巴東縣
南至雲南曲靖府
馬龍州
又至雲南府
昆明縣

近邊

東至湖北宜昌府
東湖縣
又至荆州府
宜都縣
枝江縣
松滋縣
又至安陸府
當陽縣

西至抵番不足二千里
北至陝西興安州
石泉縣
漢陰縣
又至鳳翔府
寶雞縣
以上除西外東南北俱
二千里

南至抵邊不足二千五百里
西至抵番不足二千五百里
北至陝西乾州
武功縣
永壽縣
又至邠州
三水縣
又至西安府
興平縣
咸陽縣
長安縣

咸寧縣
又至甘肅秦州
清水縣
以上除南西外東北俱二千五
百里

欽定五軍道里表　卷十四　

嘉定府屬軍犯編發邊遠極邊地方

邊遠

東至湖北安陸府

潛江縣

天門縣

又至漢陽府

漢川縣

南至抵邊不足三千里

西至抵番不足三千里

北至甘肅鞏昌府

極邊

東至湖南衡州府

衡山縣

清泉縣

衡陽縣

耒陽縣

又至安徽安慶府

太湖縣

潛山縣

寧遠縣
隴西縣
又至蘭州府
渭源縣
又至陝西鄜州
中部縣
洛川縣
又至山西蒲州府
永濟縣
臨晉縣
又至解州

又至江西九江府
德安縣
又至南康府
建昌縣
南至抵邊不足四千里
西至抵番不足四千里
北至甘肅涼州府
古浪縣
武威縣
永昌縣
又至陝西榆林府

安邑縣	榆林縣
夏　縣	又至山西太原府
以上除南西外東北俱	陽曲縣
三千里	又至忻州
	以上除南西外東北俱四千里

嘉定府屬軍犯編發烟瘴地方

烟瘴

應發烟瘴人犯解赴廣東
巡撫衙門酌撥安置

欽定五軍道里表　卷十四

雅州府屬軍犯編發附近近邊地方

附近

東至本省夔州府

奉節縣

雲陽縣

南至雲南曲靖府

宣威州

霑益州

西至抵番不足二千里

北至陝西興安州

近邊

東至湖北宜昌府

巴東縣

歸州

南至抵邊不足二千五百里

西至抵番不足二千五百里

北至甘肅秦州

清水縣

又至陝西西安府

石泉縣

漢陰縣

又至鳳翔府

寶雞縣

以上除西外東南北俱

二千里

興平縣

咸陽縣

長安縣

咸寧縣

臨潼縣

以上除南西外東北俱二千五

百里

雅州府屬軍犯編發邊遠極邊地方

邊遠

東至湖北安陸府
當陽縣
荆門州
又至荆州府
枝江縣
松滋縣
江陵縣
南至抵邊不足三千里

極邊

東至湖北黃州府
黃岡縣
蘄水縣
廣濟縣
又至武昌府
大冶縣
興國州
南至抵邊不足四千里

西至抵番不足三千里
北至甘肅鞏昌府
伏羌縣
寧遠縣
隴西縣
安定縣
又至陝西鄜州
中部縣
洛川縣
又至山西蒲州府
永濟縣

西至抵番不足四千里
北至甘肅平凉府
固原州
又至陝西榆林府
榆林縣
又至山西太原府
徐溝縣
陽曲縣
以上除南西外東北俱四千里

臨晉縣

猗氏縣

又至解州

安邑縣

以上除南西外東北俱

三千里

雅州府屬軍犯編發烟瘴地方

烟瘴

應發烟瘴人犯解赴廣東

廵撫衙門酌撥安置

寧遠府屬軍犯編發附近近邊地方

附近	近邊
東至本省重慶府	東至本省忠州
永川縣	梁山縣
璧山縣	又至夔州府
巴縣	萬縣
南至抵邊不足二千里	南至抵邊不足二千五百里
西至抵番不足二千里	西至抵番不足二千五百里
北至本省保寧府	北至陝西漢中府
蒼溪縣	南鄭縣

昭化縣

以上除南西外東北俱三千里

城固縣

洋縣

以上除南西外東北俱二千五百里

寧遠府屬軍犯編發邊遠極邊地方

邊遠

東至本省夔州府

奉節縣

巫山縣

南至抵邊不足三千里

西至抵番不足三千里

北至陝西鳳翔府

鳳翔縣[illegible]

寶雞縣

極邊

東至湖北安陸府

荊門州

鍾祥縣

京山縣

又至荊州府

江陵縣

南至抵邊不足四千里

西至抵番不足四千里

四川 三

岐山縣
以上除南西外東北俱
三千里

北至甘肅鞏昌府
隴西縣
安定縣
會寧縣
又至陝西鄜州
洛川縣
又至延安府
甘泉縣
以上除南西外東北俱四千里

寧遠府屬軍犯編發烟瘴地方

烟瘴

應發烟瘴人犯解赴廣東
巡撫衙門酌撥安置

眉州屬軍犯編發附近近邊地方

附近

東至本省夔州府
巫山縣
南至抵邊不足二千里
西至抵番不足二千里
北至陝西興安州
漢陰縣
又至鳳翔府
寶雞縣

近邊

東至湖北宜昌府
東湖縣
南至抵邊不足二千五百里
西至抵番不足二千五百里
北至陝西乾州
永壽縣
又至邠州
長武縣

鳳翔縣

岐山縣

汧陽縣

以上除南西外東北俱二千里

又至西安府

三原縣

耀　州

臨潼縣

渭南縣

又至同州府

華　州

又至甘肅秦州

以上除南西外東北俱二千五百里

眉州屬軍犯編發邊遠極邊地方

邊遠

東至湖北荊州府

江陵縣

公安縣

又至安陸府

潛江縣

鍾祥縣

京山縣

南至抵邊不足三千里

極邊

東至湖北黃州府

廣濟縣

黃梅縣

又至安徽安慶府

宿松縣

太湖縣

又至江西九江府

瑞昌縣

西至抵番不足三千里
北至甘肅平凉府
固原州
又至蘭州府
渭源縣
狄道州
又至陜西鄜州
又至延安府
甘泉縣
又至山西解州
安邑縣

德化縣
南至抵邊不足四千里
西至抵番不足四千里
北至甘肅凉州府
永昌縣
又至甘州府
山丹縣
又至陜西榆林府
懷遠縣
又至山西忻州
又至代州

夏縣

又至絳州

聞喜縣

以上除南西外東北俱

三千里

[illegible]

啍縣

以上除南西外東北俱四千里

眉州屬軍犯編發烟瘴地方

烟瘴

應發烟瘴人犯解赴廣東
巡撫衙門酌撥安置

欽定五軍道里表　卷十四

邛州屬軍犯編發附近近邊地方

附近

東至本省夔州府
奉節縣
巫山縣
南至雲南曲靖府
霑益州
馬龍州
西至抵番不足二千里
北至陝西鳳翔府

近邊

東至湖北宜昌府
東湖縣
歸州
南至抵邊不足二千五百里
西至抵番不足二千五百里
北至陝西乾州
永壽縣
又至邠州

鳳翔縣
寶雞縣
岐山縣
汧陽縣
以上除西外東南北俱
二千里

長武縣
又至西安府
長安縣
咸寧縣
三原縣
耀州
臨潼縣
渭南縣
又至同州府
華州
又至甘肅秦州

清水縣

以上除南西外東北俱二千五百里

邛州屬軍犯編發邊遠極邊地方

邊遠

東至湖北荊州府
江陵縣
公安縣
又至安陸府
潛江縣
鍾祥縣
南至抵邊不足三千里
西至抵番不足三千里

極邊

東至湖北黃州府
廣濟縣
黃梅縣
南至抵邊不足四千里
西至抵番不足四千里
北至陝西榆林府
榆林縣
神木縣

北至甘肅階州
成　縣
又至蘭州府
渭源縣
狄道州
又至陝西鄜州
洛川縣
又至延安府
甘泉縣
又至山西解州
安邑縣

懷遠縣
又至甘肅凉州府
永昌縣
又至山西忻州
又至代州
崞　縣
以上除南西外東北俱四千里

夏　縣

又至絳州

聞喜縣

以上除南西外東北俱

三千里

卭州屬軍犯編發烟瘴地方

烟瘴

應發烟瘴人犯解赴廣東
巡撫衙門酌撥安置

欽定五軍道里表　卷十四

瀘州屬軍犯編發附近近邊地方

附近

東至湖北宜昌府

東湖縣

又至荆州府

宜都縣

南至廣西泗城府

淩雲縣

西至抵邊不足二千里

北至陝西漢中府

近邊

東至湖北安陸府

潛江縣

天門縣

京山縣

又至荆州府

公安縣

南至湖南常德府

武陵縣

洋　縣
西鄉縣
以上除西外東南北俱
二千里

龍陽縣
又至長沙府
益陽縣
西至抵邊不足二千五百里
北至陝西鳳翔府
鳳翔縣
岐山縣
汧陽縣
扶風縣
以上除西外東南北俱二千五
百里

瀘州屬軍犯編發邊遠極邊地方

邊遠

東至湖北漢陽府
漢陽縣
又至武昌府
江夏縣
武昌縣
又至黃州府
黃岡縣
南至湖南長沙府

極邊

東至安徽池州府
青陽縣
又至寧國府
南陵縣
又至廬州府
合肥縣
又至江西南昌府
進賢縣

長沙縣
善化縣
湘潭縣
又至衡州府
衡山縣
西至抵邊不足三千里
北至甘肅秦州
清水縣
又至鞏昌府
伏羌縣
又至陝西西安府

又至撫州府
東鄉縣
又至饒州府
安仁縣
南至抵邊不足四千里
西至抵邊不足四千里
北至甘肅凉州府
平番縣
古浪縣
又至陝西綏德州
清澗縣

三原縣

耀州

同官縣

渭南縣

又至同州府

華州

華陰縣

以上除西外東南北俱

三千里

又至山西霍州

靈石縣

又至汾州府

介休縣

平遙縣

以上除南西外東北俱四千里

瀘州屬軍犯編發烟瘴地方

烟瘴

應發烟瘴人犯解赴廣東
廵撫衙門酌撥安置

酉陽州屬軍犯編發附近近邊地方

附近

東至本省夔州府
巫山縣

南至貴州大定府
畢節縣

西至本省叙州府
屏山縣

北至本省資州
資陽縣

近邊

東至湖北宜昌府
東湖縣

南至貴州大定府
黔西州
平遠州
威寧州

又至安順府
清鎮縣

以上俱二千里

西至抵苗不足二千五百里
北至本省綿州
梓潼縣
以上除西外東南北俱二千五百里

酉陽州屬軍犯編發邊遠極邊地方

邊遠

東至湖北荊州府

江陵縣[illegible]

公安縣

又至安陸府中[illegible]

潛江縣

鍾祥縣

京山縣[illegible]

南至抵滇不足三千里

極邊

東至湖北武昌府[illegible]

興國州

又至黃州府

黃梅縣[illegible]

又至江西九江府[illegible]千里

瑞昌縣[illegible]里

德化縣

又至安徽安慶府

西至抵番不足三千里
北至本省保寧府
廣元縣
昭化縣
又至陝西漢中府
寧羌州
以上除南西外東北俱
三千里

宿松縣
太湖縣
南至抵苗不足四千里
西至抵番不足四千里
北至陝西鳳翔府
寶雞縣
鳳翔縣
以上除南西外東北俱四千里

酉陽州屬軍犯編發烟瘴地方

烟瘴

應發烟瘴人犯解赴廣東
巡撫衙門酌撥安置

欽定五軍道里表卷之十五

廣東

廣州府屬軍犯編發附近近邊邊地方

附近

東至抵海不足二千里

南至抵海不足二千里

西至廣西太平府

崇善縣

養利州

近邊

東至抵海不足二千五百里

南至抵海不足二千五百里

西至湖南常德府

武陵縣

桃源縣

北至江西南康府
建昌縣
又至九江府
德安縣
又至南昌府
進賢縣
又至撫州府
東鄉縣
又至袁州府
宜春縣
萍鄉縣

北至江西吉安府
吉水縣
又至臨江府
峽江縣
新淦縣
以上除東南外西北俱
二千里

以上除東南外西北俱二千五百里

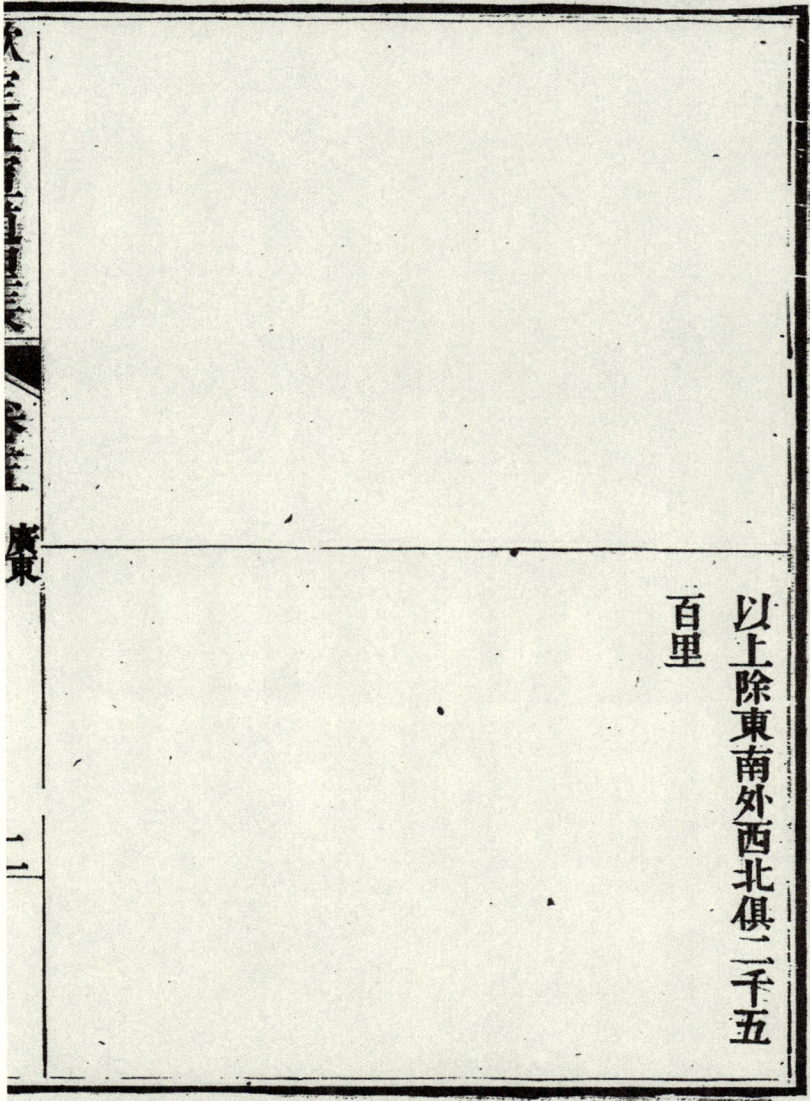

廣州府屬軍犯編發邊遠極邊地方

邊遠

東至抵海不足三千里

南至抵海不足三千里

西至湖南辰州府

辰谿縣

又至湖北荊州府

松滋縣

枝江縣

北至安徽安慶府

極邊

東至抵海不足四千里

南至抵海不足四千里

西至四川夔州府

奉節縣

雲陽縣

北至河南歸德府

永城縣

夏邑縣

潛山縣

桐城縣

又至湖北黄州府

蘄水縣

黄岡縣

以上除東南外西北俱

三千里

鹿邑縣

又至安徽潁州府

亳　州

又至江蘇徐州府

銅山縣

以上除東南外西北俱四千里

廣州府屬軍犯編發烟瘴地方

烟瘴

應發烟瘴人犯解赴隔遠之雲南巡撫衙門酌撥安置

連州屬軍犯編發附近近邊地方

附近

東至抵海不足二千里

南至抵海不足二千里

西至廣西南寧府

永淳縣

宣化縣

北至江西吉安府

吉水縣

又至臨江府

近邊

東至抵海不足二千五百里

南至抵海不足二千五百里

西至湖南常德府

武陵縣

桃源縣

北至江西南康府

建昌縣

又至九江府

峽江縣
新淦縣
以上除東南外西北俱二千里

德安縣
又至南昌府
進賢縣
又至撫州府
東鄉縣
又至袁州府
宜春縣
萍鄉縣
以上除東南外西北俱二千五百里

連州屬軍犯編發邊遠極邊地方

邊遠

東至抵海不足三千里

南至抵海不足三千里

西至湖南辰州府[illegible]

辰谿縣

又至湖北荆州府

又松滋縣[illegible]

枝江縣

北至安徽安慶府

極邊

東至抵海不足四千里

南至抵海不足四千里

西至四川夔州府[illegible]里

奉節縣

又雲陽縣[illegible]

北至河南歸德府

又永城縣[illegible]

夏邑縣

潛山縣
桐城縣
又至湖北黃州府
蘄水縣
黃岡縣
以上除東南外西北俱
三千里

鹿邑縣
又至安徽潁州府
亳州
又至江蘇徐州府
銅山縣
以上除東南外西北俱四千里

連州屬軍犯編發烟瘴地方

烟瘴

應發烟瘴人犯解赴隔遠之雲南巡撫衙門酌撥安置

韶州府屬軍犯編發附近近邊地方

附近

東至福建福州府
古田縣
南至本省潮州府
饒平縣
揭陽縣
海陽縣
西至廣西思恩府
賓州

近邊

東至抵海不足二千五百里
南至抵海不足二千五百里
西至貴州思州府
玉屏縣
青溪縣
又至廣西太平府
崇善縣
北至安徽廬州府

合肥縣
又至鳳陽府
定遠縣
又至湖北漢陽府
漢川縣
以上除東南外西北俱二千五
百里

又至南寧府
横　州
永淳縣
北至湖北黄州府
蘄　州
黄岡縣
廣濟縣
蘄水縣
又至江西廣信府
弋陽縣
輿安縣

又至安徽安慶府
太湖縣
潛山縣
以上俱二千里

韶州府屬軍犯編發邊遠極邊地方

邊遠

東至抵海不足三千里

南至抵海不足三千里

西至貴州貴陽府

貴定縣

龍里縣

貴筑縣

又至安順府

清鎮縣

極邊

東至抵海不足四千里

南至抵海不足四千里

西至四川重慶府

巴　縣

璧山縣

又至雲南曲靖府

宣威州

北至河南懷慶府

北至安徽鳳陽府
宿　州
又至潁州府
蒙城縣
亳　州
又至江蘇徐州府
銅山縣
又至河南歸德府
永城縣
又至湖北襄陽府
宜城縣

河内縣
又至山西澤州府
鳳臺縣
高平縣
又至山東東昌府
恩　縣
以上除東南外西北俱四千里

以上除東南外西北俱三千里

韶州府屬軍犯編發烟瘴地方

烟瘴

應發烟瘴人犯解赴隔遠之雲南巡撫衙門酌撥安置

南雄府屬軍犯編發附近近邊地方

附近

東至浙江衢州府

西安縣

龍游縣

常山縣

南至抵海不足二千里

西至廣西潯州府

貴縣

北至湖北武昌府

近邊

東至抵海不足二千五百里

南至抵海不足二千五百里

西至廣西柳州府

來賓縣

又至南寧府

宣化縣

新寧州

北至湖北安陸府

江夏縣
又至黄州府
黄岡縣
又至安徽廬州府
舒城縣
以上除南外東西北俱
二千里

京山縣
鍾祥縣
又至安徽鳳陽府
鳳陽縣
靈璧縣
以上除東南外西北俱二千五
百里

南雄府屬軍犯編發邊遠極邊地方

邊遠

東至抵海不足三千里

南至抵海不足三千里

西至湖南澧州

又至常德府

又武陵縣

北至河南歸德府

虞城縣

商邱縣

極邊

東至抵海不足四千里

南至抵海不足四千里

西至四川忠州

梁山縣

又至夔州府西[illegible]四千里

萬縣

北至山西澤州府

又高平縣

寧陵縣
柘城縣
睢州
又至南陽府
新野縣
又至山東兗州府
滕縣
以上除東南外西北俱
三千里

又至潞安府
長子縣
屯留縣
以上除東南外西北俱四千里

南雄府屬軍犯編發烟瘴地方

烟瘴

應發烟瘴人犯解赴隔遠之雲南巡撫衙門酌撥安置

惠州府屬軍犯編發附近近邊地方

附近

東至抵海不足二千里

南至抵海不足二千里

西至廣西南寧府

宣化縣

北至江西贛州府

贛　縣

又至吉安府

萬安縣

近邊

東至抵海不足二千五百里

南至抵海不足二千五百里

西至湖南長沙府

寧鄉縣

益陽縣

北至江西臨江府

新淦縣

清江縣

泰和縣
以上除東南外西北俱
二千里

峽江縣
以上除東南外西北俱二千五
百里

惠州府屬軍犯編發邊遠極邊地方

邊遠

東至抵海不足三千里

南至抵海不足三千里

西至湖南澧州

又至湖北荆州府

公安縣

北至江西南康府

建昌縣

又至九江府

極邊

東至抵海不足四千里

南至抵海不足四千里

西至湖北宜昌府

巴東縣

又至四川夔州府

巫山縣

又至貴州平越府

黄平州

德安縣	又至都匀府
德化縣	清平縣
瑞昌縣	北至安徽鳳陽府
又至撫州府	定遠縣
東鄉縣	宿州
又至饒州府	鳳陽縣
安仁縣	靈壁縣
又至袁州府	又至湖北安陸府
萍鄉縣	京山縣
又至湖北黃州府	以上除東南外西北俱四千里
黃梅縣	

以上除東南外西北俱三千里

惠州府屬軍犯編發烟瘴地方

烟瘴

應發烟瘴人犯解赴隔遠
之雲南巡撫衙門酌撥
安置

欽定五軍道里表　卷五

十九

潮州府屬軍犯編發附近近邊地方

附近

東至抵海不足二千里

南至抵海不足二千里

西至廣西潯州府

平南縣

北至江西南昌府

南昌縣

新建縣

進賢縣

近邊

東至抵海不足二千五百里

南至抵海不足二千五百里

西至湖南郴州

永興縣

又至廣西南寧府

橫州

永淳縣

又至思恩府

又至南康府
建昌縣
又至袁州府
宜春縣
又至九江府
德安縣
以上除東南外西北俱
二千里

賓　州
北至安徽安慶府
太湖縣
潛山縣
桐城縣
又至湖北黄州府
蘄水縣
以上除東南外西北俱二千五
百里

潮州府屬軍犯編發邊遠極邊地方

邊遠

東至抵海不足三千里
南至抵海不足三千里
西至湖南衡州府
衡山縣
又至長沙府
湘潭縣
又至廣西太平府
崇善縣

極邊

東至抵海不足四千里
南至抵海不足四千里
西至湖北荊州府
公安縣
江陵縣
北至山東泰安府
肥城縣
東平州

北至安徽廬州府
合肥縣
又至鳳陽府
定遠縣
又至湖北漢陽府
漢川縣
又至德安府
應城縣
以上除東南外西北俱
三千里

又至兖州府
滋陽縣
寧陽縣
又至濟寧州
汶上縣
又至河南開封府
祥符縣
中牟縣
鄭州
又至南陽府
裕州

以上除東南外西北俱四千里

潮州府屬軍犯編發烟瘴地方

烟瘴

應發烟瘴人犯解赴隔遠之雲南巡撫衙門酌撥安置

肇慶府屬軍犯編發附近近邊地方

附近

東至抵海不足二千里

南至抵海不足二千里

西至湖南長沙府

長沙縣

善化縣

寧鄉縣

北至江西臨江府

峽江縣

近邊

東至抵海不足二千五百里

南至抵海不足二千五百里

西至湖南常德府

武陵縣

又至澧州

北至江西南康府

建昌縣

又至九江府

新淦縣

清江縣

以上除東南外西北俱二千里

德安縣

德化縣

瑞昌縣

又至南昌府

進賢縣

又至撫州府

東鄉縣

又至袁州府

萍鄉縣

以上除東南外西北俱二千五百里

肇慶府屬軍犯編發邊遠極邊地方

邊遠

東至抵海不足三千里

南至抵海不足三千里

西至湖北荆州府

松滋縣

枝江縣

宜都縣

北至安徽安慶府

潛山縣

極邊

東至抵海不足四千里

南至抵海不足四千里

西至四川夔州府

雲陽縣

又至貴州安順府

清鎮縣

又至大定府

黔西州

欽定五軍道里表　卷三五

桐城縣

又至廬州府

舒城縣

又至湖北黃州府

黃岡縣

以上除東南外西北俱
三千里

北至河南歸德府

永城縣

夏邑縣

虞城縣

商邱縣

鹿邑縣

柘城縣

又至安徽潁州府

亳　州

以上除東南外西北俱四千里

肇慶府屬軍犯編發烟瘴地方

烟瘴

應發烟瘴人犯解赴隔遠之雲南巡撫衙門酌撥安置

高州府屬軍犯編發附近近邊地方

附近

東至抵海不足二千里

南至抵海不足二千里

西至廣西南寧府

永淳縣

橫州

又至思恩府

賓州

北至湖南郴州

近邊

東至抵海不足二千五百里

南至抵海不足二千五百里

西至湖南衡州府

衡山縣

衡陽縣

清泉縣

又至廣西太平府

崇善縣

宜章縣

以上除東南外西北俱

二千里

北至江西吉安府

泰和縣

萬安縣

以上除東南外西北俱二千五

百里

高州府屬軍犯編發邊遠極邊地方

邊遠

東至抵海不足三千里

南至抵海不足三千里

西至湖南長沙府

益陽縣

寧鄉縣

又至常德府

龍陽縣

北至江西瑞州府

極邊

東至抵海不足四千里

南至抵海不足四千里

西至貴州平越府

黃平州

又至都勻府[illegible]四千里

清平縣

北至安徽廬州府

舒城縣

高安縣
又至南昌府
奉新縣
豐城縣
又至南康府
安義縣
又至臨江府
新喻縣
新淦縣
清江縣
以上除東南外西北俱

合肥縣
又至湖北黃州府
黃岡縣
以上除東南外西北俱四千里

三千里

高州府屬軍犯編發烟瘴地方

烟瘴

應發烟瘴人犯解赴隔遠之雲南巡撫衙門酌撥安置

欽定五軍道里表　卷三

三

廉州府屬軍犯編發附近近邊地方

附近

東至本省惠州府

歸善縣

博羅縣

南至抵海不足二千里

西至廣西潯州府

桂平縣

平南縣

又至平樂府

近邊

東至抵海不足二千五百里

南至抵海不足二千五百里

西至廣西桂林府

全州

又至南寧府

橫州

永淳縣

又至思恩府

昭平縣
北至本省韶州府
英德縣
以上除南外東西北俱
二千里

始興縣
北至本省南雄府
保昌縣
以上除東南外西北俱二千五
百里

廉州府屬軍犯編發邊遠極邊地方

邊遠

東至抵海不足三千里

南至抵海不足三千里

西至湖南衡州府

衡陽縣

清泉縣

又至永州府

祁陽縣

北至江西吉安府

極邊

東至抵海不足四千里

南至抵海不足四千里

西至湖南常德府

武陵縣

桃源縣

北至安徽安慶府

宿松縣

太湖縣

泰和縣吉安府

萬安縣

以上除東南外西北俱

三千里

又至江西撫州府

東鄉縣

又至饒州府

安仁縣

又至廣信府

貴溪縣

又至袁州府

萍鄉縣

又至九江府

瑞昌縣

德化縣

又至湖北武昌府

興國州

又至黃州府

黃梅縣

以上除東南外西北俱四千里

廉州府屬軍犯編發烟瘴地方

烟瘴

應發烟瘴人犯解赴隔遠之雲南巡撫衙門酌撥安置

欽定五軍道里表 卷五

壹

雷州府屬軍犯編發附近近邊地方

附近

東至抵海不足二千里

南至抵海不足二千里

西至湖南靖州

會同縣

北至廣西桂林府

陽朔縣

又至平樂府

平樂縣

近邊

東至抵海不足二千五百里

南至抵海不足二千五百里

西至湖南沅州府

黔陽縣

北至江西南安府

南康縣

大庾縣

又至本省南雄府

昭平縣

以上除東南外西北俱

二千里

保昌縣

以上除東南外西北俱二千五

百里

雷州府屬軍犯編發邊遠極邊地方

邊遠

東至抵海不足三千里
南至抵海不足三千里
西至貴州平越府
黃平州
平越縣
又至都匀府
清平縣
北至江西吉安府

極邊

東至抵海不足四千里
南至抵海不足四千里
西至貴州大定府
威寧州
北至湖北武昌府
大冶縣
興國州
又至黃州府

盧陵縣
吉水縣
萬安縣
泰和縣
以上除東南外西北俱
三千里

黃梅縣
廣濟縣
又至江西九江府
瑞昌縣
德化縣
又至饒州府
安仁縣
又至廣信府
貴溪縣
弋陽縣
又至安徽安慶府

宿松縣

以上除東南外西北俱四千里

雷州府屬軍犯編發烟瘴地方

烟瘴

應發烟瘴人犯解赴隔遠之雲南巡撫衙門酌撥安置

瓊州府屬軍犯編發附近近邊地方

附近

東至抵海不足二千里

南至抵海不足二千里

西至廣西柳州府

懷遠縣

北至本省韶州府

英德縣

又至廣州府

清遠縣

近邊

東至抵海不足二千五百里

南至抵海不足二千五百里

西至湖南靖州

會同縣

又至沅州府

黔陽縣

北至本省南雄府

始興縣

以上除東南外西北俱
二千里

又至韶州府
曲江縣
以上除東南外西北俱二千五
百里

瓊州府屬軍犯編發邊遠極邊地方

邊遠

東至抵海不足三千里

南至抵海不足三千里

西至貴州平越府

黃平州

又至都匀府

清平縣

北至江西贛州府

贛縣

極邊

東至抵海不足四千里

南至抵海不足四千里

西至貴州大定府

威寧州

北至江西南康府

建昌縣

又至九江府

德安縣

又至南安府
南康縣
以上除東南外西北俱三千里

又至南昌府
南昌縣
新建縣
進賢縣
又至袁州府
分宜縣
宜春縣
以上除東南外西北俱四千里

瓊州府屬軍犯編發烟瘴地方

烟瘴

應發烟瘴人犯解赴隔遠之雲南巡撫衙門酌撥安置

羅定州屬軍犯編發附近近邊地方

附近

東至抵海不足二千里

南至抵海不足二千里

西至貴州都勻府

獨山州

北至湖南靖州

會同縣

又至沅州府

黔陽縣

近邊

東至抵海不足二千五百里

南至抵海不足二千五百里

西至貴州平越府

黃平州

又至思州府

青溪縣

北至湖南常德府

龍陽縣

以上除東南外西北俱二千里

武陵縣

桃源縣

以上除東南外西北俱二千五百里

羅定州屬軍犯編發邊遠極邊地方

邊遠	極邊
東至抵海不足三千里	東至抵海不足四千里
南至抵海不足三千里	南至抵海不足四千里
西至貴州貴陽府	西至四川夔州府
龍里縣	奉節縣
貴筑縣	雲陽縣
又至安順府	又至雲南曲靖府
清鎮縣	宣威州
北至湖南辰州府	北至河南南陽府

沅陵縣
辰谿縣
又至湖北武昌府
江夏縣
又至漢陽府
漢陽縣
漢川縣
以上除東南外西北俱
三千里

新野縣
南陽縣
南召縣
裕州
以上除東南外西北俱四千里

羅定州屬軍犯編發烟瘴地方

烟瘴

應發烟瘴人犯解赴隔遠之雲南巡撫衙門酌撥安置

嘉應州屬軍犯編發附近近邊地方

附近

東至抵海不足二千里

南至抵海不足二千里

西至廣西潯州府

桂平縣

貴縣

北至江西廣信府

貴溪縣

弋陽縣

近邊

東至抵海不足二千五百里

南至抵海不足二千五百里

西至廣西柳州府

馬平縣

柳城縣

又至南寧府

宣化縣

北至湖南常德府

興安縣

又至湖北黃州府

黃梅縣

又至安徽安慶府

宿松縣

太湖縣

以上除東南外西北俱

二千里

武陵縣

桃源縣

又至安徽廬州府

合肥縣

以上除東南外西北俱二千五

百里

嘉應州屬軍犯編發邊遠極邊地方

邊遠

東至抵海不足三千里

南至抵海不足三千里

西至廣西慶遠府

河池州

東蘭州

又至太平府

養利州

北至湖南辰州府

極邊

東至抵海不足四千里

南至抵海不足四千里

西至湖北荆州府

松滋縣

枝江縣

宜都縣

又至貴州貴陽府

貴筑縣

沅陵縣
辰谿縣
又至安徽鳳陽府
靈璧縣
宿州
以上除東南外西北俱
三千里

又至安順府
清鎮縣
安平縣
北至山東東昌府
高唐州
恩縣
又至河南懷慶府
河內縣
又至山西澤州府
鳳臺縣
以上除東南外西北俱四千里

嘉應州屬軍犯編發烟瘴地方

烟瘴

應發烟瘴人犯解赴隔遠之雲南巡撫衙門酌撥安置

欽定五軍道里表卷之十六

廣西

桂林府屬軍犯編發附近近邊地方

附近	近邊
東至江西吉安府	東至江西建昌府
安福縣	廣昌縣
永新縣	又至寧都州
又至南昌府	石城縣
進賢縣	又至福建邵武府

又至撫州府
臨川縣
南至抵海不足二千里
西至湖北荆州府
松滋縣
枝江縣
又至湖南辰州府
辰谿縣
又至沅州府
黔陽縣
北至湖北漢陽府

光澤縣
邵武縣
南至抵海不足二千五百里
西至湖北宜昌府
歸州
巴東縣
北至河南汝寧府
信陽州
又至湖北安陸府
鍾祥縣
以上除南外東西北俱二千五

漢陽縣
漢川縣
黄陂縣
又至武昌府
江夏縣
以上除南外東西北俱
二千里

百里

欽定五軍道里表　卷十八　十三

桂林府屬軍犯編發邊遠極邊地方

邊遠

東至安徽寧國府

涇　縣

南陵縣

又至池州府

貴池縣

青陽縣

又至廬州府

舒城縣

極邊

東至江蘇江寧府

六合縣

又至安徽滁州

南至抵海不足四千里

西至抵海不足四千里

北至直隸停止編發

以上除南西北外東係四千里

合肥縣
又至福建延平府
南平縣
又至福州府
古田縣
南至抵海不足三千里
西至四川夔州府
奉節縣
雲陽縣
北至河南許州
郾城縣

臨穎縣

以上除南外東西北俱三千里

欽定五軍道里表　卷十六　四

桂林府屬軍犯編發烟瘴地方

烟瘴

應發烟瘴人犯解赴隔遠之貴州巡撫衙門酌撥安置

柳州府屬軍犯編發附近近邊地方

附近

東至廣東惠州府

歸善縣

河源縣

南至抵海不足二千里

西至湖南澧州

石門縣

北至湖北武昌府

蒲圻縣

近邊

東至廣東潮州府

惠來縣

普寧縣

揭陽縣

又至嘉應州

南至抵海不足二千五百里

西至湖北荆州府

宜都縣

咸寧縣

又至湖南岳州府

華容縣

以上除南外東西北俱

二千里

枝江縣

又至宜昌府

東湖縣

北至湖北漢陽府

漢川縣

黃陂縣

孝感縣

又至德安府

應城縣

雲夢縣

以上除南外東西北俱二千五

百里

柳州府屬軍犯編發邊遠極邊地方

邊遠

東至抵海不足三千里

南至抵海不足三千里

西至湖北宜昌府

巴東縣

又至四川夔州府

巫山縣

北至河南汝寧府

信陽州

極邊

東至抵海不足四千里

南至抵海不足四千里

西至抵番界不足四千里

北至山西澤州府

鳳臺縣

高平縣

又至河南河南府

洛陽縣

確山縣
以上除東南外西北俱
三千里

新安縣
澠池縣
以上除東南西外北係四千里

柳州府屬軍犯編發烟瘴地方

烟瘴

應發烟瘴人犯解赴隔遠

之貴州巡撫衙門酌撥

安置

欽定五軍道里表　卷十八　九

慶遠府屬軍犯編發附近近邊地方

附近

東至廣東廣州府

新寧縣

新會縣

東莞縣

又至惠州府

博羅縣

南至抵海不足二千里

西至湖南常德府

近邊

東至廣東惠州府

陸豐縣

海豐縣

龍川縣

又至嘉應州

長樂縣

興寧縣

南至抵海不足二千五百里

龍陽縣
武陵縣
又至貴州安順府
普定縣
鎮寧州
永寧州
北至湖南岳州府
巴陵縣
以上除南外東西北俱
二千里

西至湖南辰州府
沅陵縣
辰谿縣
又至雲南曲靖府
平彝縣
南寧縣
霑益州
北至湖北武昌府
咸寧縣
江夏縣
又至漢陽府

漢陽縣

以上除南外東西北俱二千五

百里

[illegible]里

以[illegible]五

萬壽[illegible]

慶遠府屬軍犯編發邊遠極邊地方

邊遠

東至廣東潮州府

海陽縣

豐順縣

南至抵海不足三千里

西至雲南雲南府

安寧州

祿豐縣

北至河南汝寧府

極邊

東至抵海不足四千里

南至抵海不足四千里

西至雲南大理府

浪穹縣

又至麗江府

鶴慶州

北至河南衛輝府

新鄉縣

信陽州
又至湖北德安府
安陸縣
應山縣
又至安陸府
京山縣
以上除南外東西北俱
三千里

汲　縣
又至開封府
滎澤縣
汜水縣
又至河南府
鞏　縣
偃師縣
洛陽縣
又至懷慶府
武陟縣
河內縣

以上除東南外西北俱四千里

慶遠府屬軍犯編發烟瘴地方

烟瘴

應發烟瘴人犯解赴隔遠之貴州巡撫衙門酌撥安置

平樂府屬軍犯編發附近近邊地方

附近

東至廣東潮州府

惠來縣

普寧縣

又至嘉應州

長樂縣

興寧縣

南至抵海不足二千里

西至湖南辰州府

近邊

東至廣東嘉應州

又至潮州府

豐順縣

南至抵海不足二千五百里

西至貴州思州府

玉屏縣

北至湖北德安府

雲夢縣

沅陵縣
北至湖北武昌府
咸寧縣
以上除南外東西北俱
二千里

安陸縣
應山縣
應城縣
又至安陸府
京山縣
天門縣
以上除南外東西北俱二千五
百里

平樂府屬軍犯編發邊遠極邊地方

邊遠

東至抵海不足三千里

南至抵海不足三千里

西至四川夔州府

巫山縣

奉節縣

北至河南汝寧府

遂平縣

西平縣

極邊

東至抵海不足四千里

南至抵海不足四千里

西至抵邊不足四千里

北至河南河南府

澠池縣

又至陝州

靈寶縣

以上除東南西外北係四千里

確山縣

以上除東南外西北俱

三千里

平樂府屬軍犯編發烟瘴地方

烟瘴

應發烟瘴人犯解赴隔遠之貴州巡撫衙門酌撥安置

[illegible]

[illegible]

梧州府屬軍犯編發附近近邊地方

附近

東至抵海不足二千里

南至抵海不足二千里

西至貴州平越府

黃平州

北至湖南長沙府

益陽縣

又至常德府

龍陽縣

近邊

東至抵海不足二千五百里

南至抵海不足二千五百里

西至貴州貴陽府

貴定縣

龍里縣

貴筑縣

北至湖北武昌府

蒲圻縣

以上除東南外西北俱
二千里

咸寧縣
江夏縣
以上除東南外西北俱二千五
百里

梧州府屬軍犯編發邊遠極邊地方

邊遠

東至抵海不足三千里
南至抵海不足三千里
西至貴州大定府
畢節縣
又至安順府
永寧州
又至南籠府
安南縣

極邊

東至抵海不足四千里
南至抵海不足四千里
西至雲南楚雄府
廣通縣
楚雄縣
北至河南開封府
鄭州
滎澤縣

普安縣
北至湖北德安府
雲夢縣
安陸縣
應山縣
應城縣
又至漢陽府
孝感縣
又至安陸府
京山縣
以上除東南外西北俱

滎陽縣
汜水縣
又至懷慶府
武陟縣
又至河南府
鞏　縣
又至衛輝府
新鄉縣
以上除東南外西北俱四千里

三千里

廣西

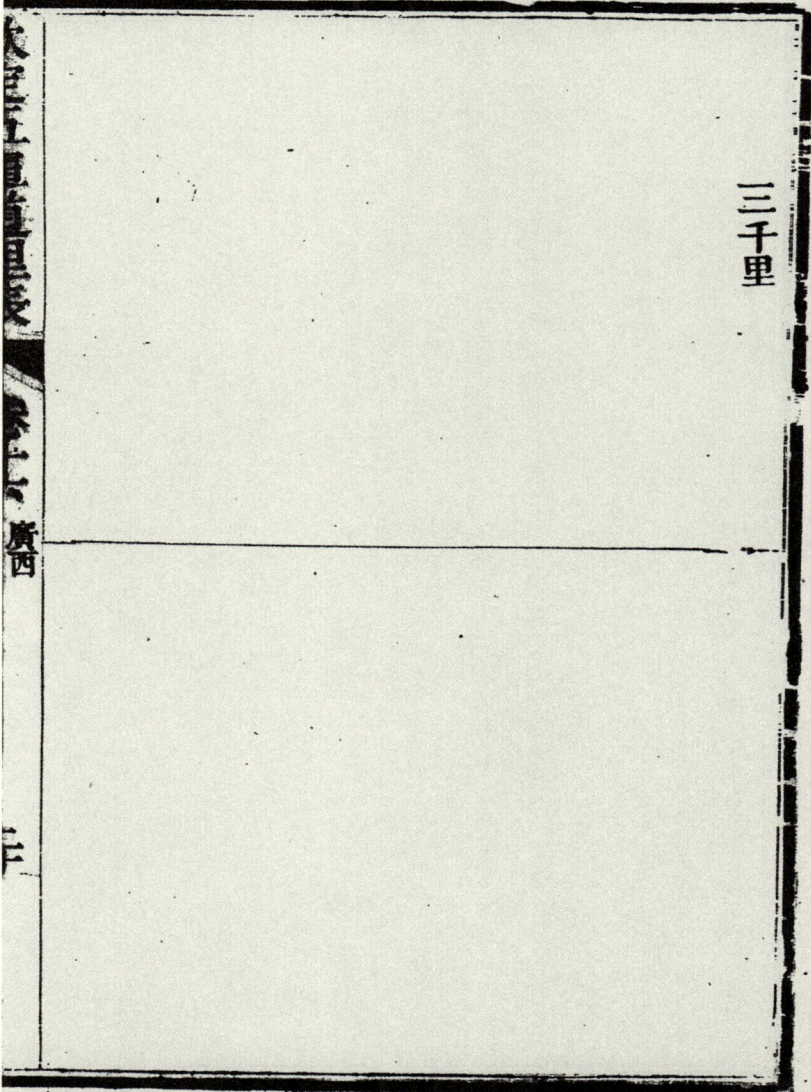

梧州府屬軍犯編發烟瘴地方

烟瘴

應發烟瘴人犯解赴隔遠之貴州巡撫衙門酌撥安置

鬱林州屬軍犯編發附近近邊地方

附近

東至廣東潮州府

惠來縣

普寧縣

又至嘉應州

南至抵海不足二千里

西至貴州平越府

黄平州

平越縣

近邊

東至抵海不足二千五百里

南至抵海不足二千五百里

西至貴州安順府

清鎮縣

安平縣

普定縣

鎮寧州

又至大定府

又至都勻府
清平縣
北至湖南衡州府
衡山縣
又至長沙府
湘潭縣
以上除南外東西北俱
二千里

黔西州
北至湖南岳州府
巴陵縣
又至常德府
龍陽縣
以上除東南外西北俱二千五
百里

鬱林州屬軍犯編發邊遠極邊地方

邊遠

東至抵海不足三千里

南至抵海不足三千里

西至貴州大定府

威寧州

又至雲南曲靖府

平彝縣

南寧縣

霑益州

極邊

東至抵海不足四千里

南至抵海不足四千里

西至四川成都府

成都縣

華陽縣

新津縣

簡州

北至河南汝寧府

北至湖北武昌府
咸寧縣
江夏縣
又至漢陽府
漢陽縣
以上除東南外西北俱
三千里

遂平縣
西平縣
又至許州
郾城縣
臨潁縣
以上除東南外西北俱四千里

鬱林州屬軍犯編發烟瘴地方

烟瘴

應發烟瘴人犯解赴隔遠之貴州巡撫衙門酌撥安置

欽定五軍道里表　卷十六

潯州府屬軍犯編發附近近邊地方

附近

東至廣東嘉應州

平遠縣

又至潮州府

普寧縣

惠來縣

揭陽縣

南至抵海不足二千里

西至貴州都勻府

近邊

東至抵海不足二千五百里

南至抵海不足二千五百里

西至貴州安順府

普定縣

鎮寧州

永寧州

又至南籠府

安南縣

清平縣
又至平越府
平越縣
又至貴陽府
貴定縣
北至湖南長沙府
寧鄉縣
益陽縣
以上除南外東西北俱
二千里

北至湖南澧州
石門縣
以上除東南外西北俱二千五
百里

潯州府屬軍犯編發邊遠極邊地方

邊遠

東至抵海不足三千里

南至抵海不足三千里

西至湖北荊州府

枝江縣

宜都縣

又至宜昌府

東湖縣

又至雲南曲靖府

極邊

東至抵海不足四千里

南至抵海不足四千里

西至四川夔州府

雲陽縣

萬　縣

北至河南開封府

新鄭縣

鄭　州

又至許州
臨潁縣
以上除東南外西北俱四千里

南寧縣
霑益州
馬龍州
北至湖北漢陽府
漢陽縣
漢川縣
孝感縣
又至安陸府
天門縣
又至德安府
雲夢縣

應城縣

以上除東南外西北俱三千里

欽定五軍道里表

潯州府屬軍犯編發烟瘴地方

烟瘴

應發烟瘴人犯解赴隔遠之貴州巡撫衙門酌撥安置

南寧府屬軍犯編發附近近邊地方

附近	近邊
東至廣東廣州府	東至廣東潮州府
新寧縣	惠來縣
又至惠州府	又至嘉應州
博羅縣	長樂縣
歸善縣	興寧縣
南至抵海不足二千里	南至抵海不足二千五百里
西至貴州平越府	西至貴州遵義府
黄平州	遵義縣

又至都勻府
清平縣
北至湖南長沙府
長沙縣
善化縣
湘潭縣
以上除南外東西北俱
二千里

又至貴陽府
修文縣
又至安順府
安平縣
普定縣
鎮寧州
北至湖南岳州府
巴陵縣
華容縣
以上除南外東西北俱二千五
百里

南寧府屬軍犯編發邊遠極邊地方

邊遠

東至廣東潮州府

饒平縣

大埔縣

南至抵海不足三千里

西至湖北荊州府

江陵縣

松滋縣

枝江縣

極邊

東至抵海不足四千里

南至抵海不足四千里

西至四川夔州府

奉節縣

雲陽縣

北至河南汝寧府

西平縣

又至許州

又至雲南曲靖府
平彝縣
南寧縣
北至湖北武昌府
江夏縣
又至漢陽府
漢陽縣
黄陂縣
漢川縣
以上除南外東西北俱
三千里

鄖城縣
臨潁縣
以上除東南外西北俱四千里

南寧府屬軍犯編發烟瘴地方

烟瘴

應發烟瘴人犯解赴隔遠之貴州巡撫衙門酌撥安置

欽定五軍道里表　卷十六

三

太平府屬軍犯編發附近近邊地方

附近

東至廣東廣州府

南海縣

番禺縣

東莞縣

南至抵海不足二千里

西至貴州平越府

黄平州

北至湖南衡州府

近邊

東至廣東惠州府

海豐縣

河源縣

南至抵海不足二千五百里

西至貴州貴陽府

貴定縣

龍里縣

又至平越府

衡陽縣
清泉縣
衡山縣
以上除南外東西北俱二千里

平越縣
北至湖南長沙府
寧鄉縣
益陽縣
湘陰縣
以上除南外東西北俱二千五百里

太平府屬軍犯編發邊遠極邊地方

邊遠

東至廣東嘉應州

平遠縣

南至抵海不足三千里

西至貴州南籠府

安南縣

普安縣

又至安順府

永寧州

極邊

東至抵海不足四千里

南至抵海不足四千里

西至抵邊不足四千里

北至湖北襄陽府

宜城縣

襄陽縣

又至河南南陽府

新野縣

又至大定府
畢節縣
北至湖北武昌府
蒲圻縣
咸寧縣
以上除南外東西北俱三千里

以上除東南西外北係四千里

太平府屬軍犯編發烟瘴地方

烟瘴

應發烟瘴人犯解赴隔遠之貴州巡撫衙門酌撥安置

思恩府屬軍犯編發附近近邊地方

附近

東至廣東廣州府

東莞縣

新會縣

南至抵海不足二千里

西至抵邊不足二千里

北至湖南長沙府

長沙縣

善化縣

近邊

東至廣東惠州府

海豐縣

陸豐縣

龍川縣

又至嘉應州

長樂縣

南至抵海不足二千五百里

西至抵邊不足二千五百里

寧鄉縣
湘潭縣
又至貴州銅仁府
銅仁縣
以上除南西外東北俱
二千里

北至湖南岳州府
巴陵縣
華容縣
又至湖北武昌府
蒲圻縣
以上除南西外東北俱二千五
百里

思恩府屬軍犯編發邊遠極邊地方

邊遠

東至廣東潮州府
海陽縣
饒平縣
南至抵海不足三千里
西至抵邊不足三千里
北至湖北漢陽府
漢陽縣
黃陂縣

極邊

東至抵海不足四千里
南至抵海不足四千里
西至抵邊不足四千里
北至河南許州
郾城縣
臨潁縣
又至開封府
新鄭縣東南西北俱係四千里

孝感縣

漢川縣

以上除南西外東北俱三千里

以上除東南西外北係四千里

思恩府屬軍犯編發烟瘴地方

烟瘴

應發烟瘴人犯解赴隔遠之貴州巡撫衙門酌撥安置

欽定五軍道里表　卷十六

泗城府屬軍犯編發附近近邊地方

附近

東至廣東肇慶府

封川縣

德慶州

南至抵海不足二千里

西至抵邊不足二千里

北至本省桂林府

興安縣

全州

近邊

東至廣東廣州府

南海縣

番禺縣

南至抵海不足二千五百里

西至抵邊不足二千五百里

北至湖南衡州府

衡陽縣

清泉縣

以上除南西外東北俱二千五百里

靈川縣

又至貴州思州府

玉屏縣

又至銅仁府

銅仁縣

以上除南西外東北俱二千里

泗城府屬軍犯編發邊遠極邊地方

邊遠

東至廣東惠州府

歸善縣

海豐縣

河源縣

南至抵海不足三千里

西至抵邊不足三千里

北至湖南長沙府

長沙縣

極邊

東至抵海不足四千里

南至抵海不足四千里

西至抵邊不足四千里

北至湖北漢陽府

漢陽縣

黄陂縣

孝感縣

漢川縣

善化縣

湘陰縣

寧鄉縣

以上除南西外東北俱三千里

又至德安府

雲夢縣

以上除東南西外北係四千里

泗城府屬軍犯編發烟瘴地方

烟瘴

應發烟瘴人犯解赴隔遠之貴州巡撫衙門酌撥安置

欽定五軍道里表

鎮安府屬軍犯編發附近近邊地方

附近

東至廣東肇慶府

德慶州

高要縣

南至抵邊不足二千里

西至抵邊不足二千里

北至本省桂林府

興安縣

全州

近邊

東至廣東肇慶府

陽春縣

又至廣州府

南海縣

番禺縣

東莞縣

南至抵邊不足二千五百里

西至抵邊不足二千五百里

欽定五軍道里表　卷十六

又至湖南永州府
零陵縣
以上除南西外東北俱
二千里

北至湖南衡州府
衡陽縣
清泉縣
衡山縣
以上除南西外東北俱二千五
百里

鎮安府屬軍犯編發邊遠極邊地方

邊遠

東至廣東惠州府

長寧縣

連平州

河源縣

又至高州府

茂名縣

化州

南至抵邊不足三千里

極邊

東至廣東嘉應州

興寧縣

又至潮州府

大埔縣

南至抵邊不足四千里

西至抵邊不足四千里

北至湖北德安府

應城縣

西至抵邊不足三千里
北至湖南岳州府
巴陵縣
又至長沙府
湘陰縣
寧鄉縣
益陽縣
以上除南西外東北俱
三千里

安陸縣
雲夢縣
又至安陸府
京山縣
又至漢陽府
孝感縣
以上除南西外東北俱四千里

鎮安府屬軍犯編發烟瘴地方

烟瘴

應發烟瘴人犯解赴隔遠之貴州巡撫衙門酌撥安置

欽定五軍道里表卷之十七

雲南

雲南府屬軍犯編發附近近邊地方

附近

東至廣西柳州府

融縣

懷遠縣

南至抵邊不足二千里

西至抵邊不足二千里

近邊

東至廣西桂林府

永福縣

臨桂縣

又至四川卭州

又至湖南常德府

桃源縣

南至抵邊不足二千五百里

西至抵邊不足二千五百里

北至四川綿州

梓潼縣

又至湖南辰州府

沅陵縣

以上除南西外東北俱二千五百里

北至四川成都府

成都縣

華陽縣

雙流縣

簡州

又至重慶府

巴縣

又至資州

資陽縣

以上除南西外東北俱二千里

雲南府屬軍犯編發邊遠極邊地方

邊遠

東至廣西平樂府

平樂縣

富川縣

又至湖南長沙府

寧鄉縣

長沙縣

善化縣

南至抵邊不足三千里

極邊

東至廣東肇慶府

高要縣

又至廣州府

三水縣

南至抵邊不足四千里

西至抵邊不足四千里

北至陝西鳳翔府東北[illegible]四千里

寶雞縣

西至抵邊不足三千里
北至四川夔州府
奉節縣
巫山縣
又至陝西漢中府
寧羌州
以上除南西外東北俱
三千里

鳳翔縣
以上除南西外東北俱四千里

雲南府屬軍犯編發烟瘴地方

烟瘴

應發烟瘴人犯解赴隔遠之廣東巡撫衙門酌撥安置

欽定五軍道里表　卷十

三

大理府屬軍犯編發附近近邊地方

附近

東至貴州安順府

清鎮縣

安平縣

又至貴陽府

貴筑縣

龍里縣

南至抵邊不足二千里

西至抵邊不足二千里

近邊

東至貴州思州府

青溪縣

玉屏縣

南至抵邊不足二千五百里

西至抵邊不足二千五百里

北至抵邊不足二千五百里

以上除南西北外東係二千五百里

北至抵邊不足二千里

以上除南西北外東係

二千里

大理府屬軍犯編發邊遠極邊地方

邊遠

東至湖南辰州府

沅陵縣

又至沅州府

麻陽縣

黔陽縣

又至廣西柳州府

柳城縣

馬平縣

極邊

東至廣西平樂府

富川縣

賀　縣

又至湖北荊州府

公安縣

江陵縣

又至湖南長沙府

長沙縣

南至抵邊不足三千里
西至抵邊不足三千里
北至抵邊不足三千里
以上除南西北外東係三千里

善化縣
湘潭縣
南至抵邊不足四千里
西至抵邊不足四千里
北至抵邊不足四千里
以上除南西北外東係四千里

大理府屬軍犯編發烟瘴地方

烟瘴

應發烟瘴人犯解赴隔遠之廣東巡撫衙門酌撥安置

順寧府

蒙化廳屬軍犯編發附近近邊地方

附近

東至貴州安順府

清鎮縣

安平縣

又至貴陽府

貴筑縣

龍里縣

近邊

東至貴州思州府

青溪縣

玉屏縣

南至抵邊不足二千五百里

西至抵邊不足二千五百里

北至抵邊不足二千五百里

南至抵邊不足二千里
西至抵邊不足二千里
北至抵邊不足二千里
以上除南西北外東係二千里

以上除南西北外東係二千五百里

順寧府

崇化廳屬軍犯編發邊遠極邊地方

邊遠

東至湖南辰州府

沅陵縣

又至沅州府

麻陽縣

黔陽縣

又至廣西柳州府

極邊

東至廣西平樂府

富川縣

賀縣

又至湖北荊州府

公安縣

江陵縣

柳城縣

馬平縣

南至抵邊不足三千里

西至抵邊不足三千里

北至抵邊不足三千里

以上除南西北外東係

三千里

又至湖南長沙府

長沙縣

善化縣

湘潭縣

南至抵邊不足四千里

西至抵邊不足四千里

北至抵邊不足四千里

以上除南西北外東係四千里

順寧府

蒙化廳屬軍犯編發烟瘴地方

烟瘴

應發烟瘴人犯解赴隔遠之廣東巡撫衙門酌撥安置

臨安府屬軍犯編發附近近邊地方

附近

東至貴州都匀府
都匀縣
又至平越府
黄平州
南至抵邊不足二千里
西至抵邊不足二千里
北至四川資州
内江縣

近邊

東至四川成都府
成都縣
華陽縣
簡州
又至廣西柳州府
融縣
柳城縣
南至抵邊不足二千五百里

又至敘州府
隆昌縣
又至重慶府
榮昌縣
以上除南西外東北俱
二千里

西至抵邊不足二千五百里
北至四川重慶府
巴　縣
南川縣
以上除南西外東北俱二千五
百

臨安府屬軍犯編發烟瘴地方

烟瘴

應發烟瘴人犯解赴隔遠之廣東廵撫衙門酌撥安置

欽定五軍道里表

卷二十

開化府

普洱府

元江州屬軍犯編發附近近邊地方

附近　　　　　近邊

東至貴州都勻府　　東至四川成都府

　都勻縣　　　　　成都縣

又至平越府　　　　華陽縣

　黃平州　　　　　簡州

南至振邊未足二千里　又至廣西柳州府

西至抵邊不足二千里

北至四川資州

內江縣

又至敘州府

隆昌縣

又至重慶府

榮昌縣

以上除南西外東北俱

二千里

融縣

柳城縣

南至抵邊不足二千五百里

西至抵邊不足二千五百里

北至四川重慶府

巴縣

南川縣

以上除南西外東北俱二千五

百里

開化府

普洱府

元江州屬軍犯編發邊遠極邊地方

邊遠	極邊
東至廣西桂林府	東至廣西梧州府
永福縣	蒼梧縣
臨桂縣	又至廣東肇慶府
又至湖南常德府	封川縣
桃源縣	又至湖北漢陽府

武陵縣
南至抵邊不足三千里
西至抵邊不足三千里
北至四川保寧府
閬中縣
又至順慶府
南充縣
又至綿州
梓潼縣
以上除南西外東北俱
三千里

漢川縣
漢陽縣
又至武昌府
江夏縣
南至抵邊不足四千里
西至抵邊不足四千里
北至陝西漢中府
南鄭縣
鳳　縣
以上除南西外東北俱四千里

開化府

普洱府

元江州屬軍犯編發烟瘴地方

烟瘴

應發烟瘴人犯解赴隔遠之廣東巡撫衙門酌撥安置

楚雄府屬軍犯編發附近近邊地方

附近

東至廣西鎮安府

天保縣

又至柳州府

懷遠縣

又至貴州都匀府

都匀縣

又至平越府

黃平州

近邊

東至廣西柳州府

柳城縣

馬平縣

融　縣

南至抵邊不足二千五百里

西至抵邊不足二千五百里

北至抵邊不足二千五百里

以上除南西北外東係二千五

南至抵邊不足二千里
西至抵邊不足二千里
北至抵邊不足二千里
以上除南西北外東係
二千里

百里

楚雄府屬軍犯編發邊遠極邊地方

邊遠

東至湖南常德府

桃源縣

武陵縣

龍陽縣

又至廣西桂林府

永福縣[illegible]

臨桂縣不足三千里

南至抵邊不足三千里

極邊

東至廣西梧州府

蒼梧縣

又至廣東肇慶府

封川縣[illegible]

又至湖北漢陽府[illegible]千里

漢川縣[illegible]四千里

漢陽縣不足四千里

又至武昌府

西至抵邊不足三千里

北至抵邊不足三千里

以上除南西北外東係三千里

江夏縣

南至抵邊不足四千里

西至抵邊不足四千里

北至抵邊不足四千里

以上除南西北外東係四千里

楚雄府屬軍犯編發烟瘴地方

烟瘴

應發烟瘴人犯解赴隔遠之廣東巡撫衙門酌撥安置

景東廳

鎮沅州屬軍犯編發附近近邊地方

附近	近邊
東至廣西鎮安府	東至廣西柳州府
天保縣	柳城縣
又至柳州府	馬平縣
懷遠縣	融縣
又至貴州都勻府	南至抵邊不足二千五百里
都勻縣	西至抵邊不足二千五百里

又至平越府

黃平州

南至抵邊不足二千里

西至抵邊不足二千里

北至抵邊不足二千里

以上除南西北外東係

二千里

北至抵邊不足二千五百里

以上除南西北外東係一千五

百里

景東廳

鎮沅州屬軍犯編發邊遠極邊地方

邊遠

東至湖南常德府

桃源縣

武陵縣

龍陽縣

又至廣西桂林府

永福縣

極邊

東至廣西梧州府

蒼梧縣

又至廣東肇慶府

封川縣

又至湖北漢陽府

漢川縣

臨桂縣

南至抵邊不足三千里

西至抵邊不足三千里

北至抵邊不足三千里

以上除南西北外東係

三千里

漢陽縣

又至武昌府

江夏縣

南至抵邊不足四千里

西至抵邊不足四千里

北至抵邊不足四千里

以上除南西北外東係四千里

景東廳

鎮沅州屬軍犯編發烟瘴地方

烟瘴

應發烟瘴人犯解赴隔遠

之廣東巡撫衙門酌撥

安置

澂江府屬軍犯編發附近近邊地方

附近

東至廣西柳州府
懷遠縣
融縣
南至抵邊不足二千里
西至抵邊不足二千里
北至四川成都府
簡州 [illegible]
又至綿州

近邊

東至廣西柳州府
雒容縣
又至桂林府
永福縣
又至四川邛州
南至抵邊不足二千五百里
西至抵邊不足二千五百里
北至四川成都府

資陽縣	灌縣
以上除南西外東北俱二千里	又至綿州
	以上除南西外東北俱二千五百里

澂江府屬軍犯編發邊遠極邊地方

邊遠

東至廣西平樂府

平樂縣

富川縣

又至湖南長沙府

益陽縣

又寧鄉縣

南至抵邊不足三千里

西至抵邊不足三千里

極邊

東至廣東肇慶府

德慶州

高要縣

又至廣州府

三水縣

南至抵邊不足四千里

西至抵邊不足四千里

北至陝西鳳翔府

北至陝西漢中府　　　　　寶雞縣

　寧羌州　　　　　　　　　鳳翔縣

又至四川保寧府　　　　　以上除南西外東北俱四千里

　昭化縣

　廣元縣

以上除南西外東北俱

三千里

澂江府屬軍犯編發烟瘴地方

烟瘴

應發烟瘴人犯解赴隔遠
之廣東巡撫衙門酌撥
安置

欽定五軍道里表

卷十七

廣南府屬軍犯編發附近近邊地方

附近

東至廣西桂林府

永福縣

臨桂縣

南至抵邊不足二千里

西至本省大理府

雲龍州

又至永昌府

永平縣

近邊

東至廣西平樂府

平樂縣

富川縣

南至抵邊不足二千五百里

西至本省永昌府

騰越州

北至貴州思州府

青溪縣

北至貴州安順府
安平縣
淸鎭縣
普定縣
又至貴陽府
貴筑縣
以上除南外東西北俱二千里

又至平越府
黄平州
以上除南外東西北俱二千五百里

廣南府屬軍犯編發邊遠極邊地方

邊遠

東至廣西梧州府
蒼梧縣
南至抵邊不足三千里
西至抵邊不足三千里
北至湖南辰州府
沅陵縣
以上除南西外東北俱
三千里

極邊

東至廣東廣州府
增城縣
又至惠州府
博羅縣
南至抵邊不足四千里
西至抵邊不足四千里
北至湖北荆州府
公安縣

江陵縣

以上除南西外東北俱四千里

廣南府屬軍犯編發烟瘴地方

烟瘴

應發烟瘴人犯解赴隔遠

之廣東巡撫衙門酌撥

安置

廣西州屬軍犯編發附近近邊地方

附近

東至貴州平越府

黃平州

南至抵邊不足二千里

西至抵邊不足二千里

北至本省永昌府

保山縣

騰越州

以上除南西外東北俱

近邊

東至四川成都府

簡州

成都縣

華陽縣

又至廣西柳州府

融縣

柳城縣

馬平縣

欽定五軍道里表　卷十

二千里

南至抵邊不足二千五百里
西至抵邊不足二千五百里
北至抵邊不足二千五百里
以上除南西北外東係二千五
百里

廣西州屬軍犯編發邊遠極邊地方

邊遠

東至廣西桂林府

臨桂縣

陽朔縣

永福縣

又至湖南常德府

桃源縣

武陵縣

南至抵邊不足三千里

極邊

東至廣西梧州府

蒼梧縣

又至廣東肇慶府

封川縣

德慶州

又至湖北漢陽府

漢川縣

漢陽縣

西至抵邊不足三千里
北至抵邊不足三千里
以上除南西北外東係
三千里

又至武昌府
江夏縣
南至抵邊不足四千里
西至抵邊不足四千里
北至抵邊不足四千里
以上除南西北外東係四千里

廣西州屬軍犯編發烟瘴·地方

烟瘴

應發烟瘴人犯解赴隔遠之廣東巡撫衙門酌撥安置

欽定五軍道里表 卷十七

曲靖府屬軍犯編發附近近邊地方

附近

東至廣西柳州府

馬平縣

雒容縣

南至抵邊不足二千里

西至抵邊不足二千里

北至四川成都府

成都縣

華陽縣

近邊

東至湖南常德府

龍陽縣

又至長沙府

益陽縣

寧鄉縣

又至廣西平樂府

平樂縣

南至抵邊不足二千五百里

雙流縣
新津縣
郫縣
灌縣
新都縣
漢州
又至綿州
德陽縣
以上除南西外東北俱
二千里

西至抵邊不足二千五百里
北至四川保寧府
昭化縣
廣元縣
以上除南西外東北俱二千五
百里

曲靖府屬軍犯編發邊遠極邊地方

邊遠

東至湖南衡州府

衡陽縣

清泉縣

衡山縣

又至湖北安陸府

潛江縣

南至抵邊不足三千里

西至抵邊不足三千里

極邊

東至廣東廣州府

南海縣

番禺縣

增城縣

南至抵邊不足四千里

西至抵邊不足四千里

北至陝西西安府

興平縣

北至陝西漢中府

沔　縣

褒城縣

以上除南西外東北俱

三千里

咸陽縣

以上除南西外東北俱四千里

曲靖府屬軍犯編發烟瘴地方

烟瘴

應發烟瘴人犯解赴隔遠之廣東巡撫衙門酌撥安置

欽定五軍道里表

卷十

麗江府屬軍犯編發附近近邊地方

附近

東至貴州大定府

畢節縣

又至安順府

鎮寧州

普定縣

南至抵邊不足二千里

西至抵邊不足二千里

北至抵邊不足二千里

近邊

東至貴州貴陽府

貴定縣

龍里縣

又至都勻府

都勻縣

南至抵邊不足二千五百里

西至抵邊不足二千五百里

北至抵邊不足二千五百里

以上除南西北外東係二千里

以上除南西北外東係二千五百里

麗江府屬軍犯編發邊遠極邊地方

邊遠

東至廣西柳州府

懷遠縣

又至貴州思州府

青溪縣

玉屏縣

南至抵邊不足三千里

西至抵邊不足三千里

北至抵邊不足三千里

極邊

東至廣西桂林府

陽朔縣

又至平樂府

平樂縣

又至湖南常德府

龍陽縣

又至長沙府

益陽縣

以上除南西北外東係三千里

南至抵邊不足四千里

西至抵邊不足四千里

北至抵邊不足四千里

以上除南西北外東係四千里

麗江府屬軍犯編發烟瘴地方

烟瘴

應發烟瘴人犯解赴隔遠之廣東巡撫衙門酌撥安置

永北廳屬軍犯編發附近近邊地方

附近

東至貴州大定府

畢節縣

又至安順府

鎮寧州

普定縣

南至抵邊不足二千里

西至抵邊不足二千里

北至抵邊不及二千里

近邊

東至貴州貴陽府

貴定縣

龍里縣

又至都勻府

都勻縣

南至抵邊不足二千五百里

西至抵邊不足二千五百里

北至抵邊不足二千五百里

以上陝南西北外東係二千里

[illegible]

以上陝南西北外東係二千五百里

[illegible]

永北廳屬軍犯編發邊遠極邊地方

邊遠

東至廣西柳州府
懷遠縣
又至貴州思州府
青溪縣
玉屏縣
南至抵邊不足三千里
西至抵邊不足三千里
北至抵邊不足三千里

極邊

東至廣西桂林府
陽朔縣
又至平樂府
平樂縣
又至湖南常德府
龍陽縣
又至長沙府
益陽縣

以上除南西北外東係三千里

南至抵邊不足四千里

西至抵邊不足四千里

北至抵邊不足四千里

以上除南西北外東係四千里

永北廳屬軍犯編發烟瘴地方

烟瘴

應發烟瘴人犯解赴隔遠之廣東巡撫衙門酌撥安置

欽定五軍道里表　卷十七

武定州屬軍犯編發附近近邊地方

附近

東至廣西柳州府

融縣

懷遠縣

柳城縣

又至貴州思州府

玉屏縣

南至抵邊不足二千五百里

西至抵邊不足二千里

近邊

東至廣西思恩府

武緣縣

遷江縣

又至柳州府

馬平縣

南至抵邊不足二千五百里

西至抵邊不足二千五百里

北至抵邊不足二千五百里

北至抵邊不足二千里
以上除南西北外東係
二千里

以上除南西北外東係二千五
百里

武定州屬軍犯編發邊遠極邊地方

邊遠

東至廣西桂林府

陽朔縣

又至平樂府

平樂縣

又至湖南常德府

龍陽縣不及三千里

又至長沙府不及三千里

南至益陽縣不及三千里

極邊

東至廣東肇慶府

封川縣

德慶州

高要縣

又至廣州府

三水縣

南至抵邊不足四千里

西至抵邊不足四千里

南至抵邊不足三千里
西至抵邊不足三千里
北至抵邊不足三千里
以上除南西北外東係
三千里

北至抵邊不足四千里
以上除南西北外東係四千里

武定州屬軍犯編發烟瘴地方

烟瘴

應發烟瘴人犯解赴隔遠之廣東巡撫衙門酌撥安置

欽定五軍道里表　卷十七

永昌府屬軍犯編發附近近邊地方

附近

東至本省臨安府

建水縣

寧州

又至元江州

新平縣

南至抵邊不足二千里

西至抵邊不足二千里

北至抵邊不足二千里餘

近邊

東至貴州安順府

安平縣

清鎮縣

又至貴陽府

貴筑縣

龍里縣南西北抵東俱二千五

北貴定縣不足二千五百里

南至抵邊不足二千五百里

欽定五軍道里表 卷十七

以上除南西北外東係

西至[illegible]千里

[illegible]

[illegible]平[illegible]

又至[illegible]

寧[illegible]

[illegible]水縣

東至[illegible]臨安府

[illegible]近

永昌府屬軍犯編發

西至抵邊不足二千五百里

北至抵邊不足二千五百里

以上除南西北外東係二千五

百里[illegible]

又至[illegible]府

[illegible]縣

[illegible]縣

又至貴州[illegible]府

近邊

府近近邊地方

永昌府屬軍犯編發邊遠極邊地方

邊遠

東至貴州都匀府

都匀縣

又至思州府

青溪縣

又至廣西柳州府

懷遠縣

南至抵邊不足三千里

西至抵邊不足三千里

極邊

東至廣西桂林府

臨桂縣

陽朔縣

又至平樂府

平樂縣

南至抵邊不足四千里

西至抵邊不足四千里

北至抵邊不足四千里

北至抵邊不足三千里

以上除南西北外東係三千里

以上除南西北外東係四千里

永昌府屬軍犯編發烟瘴地方

烟瘴

應發烟瘴人犯解赴隔遠之廣東巡撫衙門酌撥安置

欽定五軍道里表　卷十七

昭通府屬軍犯編發附近近邊地方

附近

東至廣西柳州府

柳城縣

馬平縣

南至廣西思恩府

遷江縣

西至本省順寧府

雲州二千里

北至四川綿州

近邊

東至廣西桂林府

臨桂縣

陽朔縣

又至平樂府

平樂縣

南至抵海不足二千五百里

西至抵邊不足二千五百里

北至陝西漢中府

梓潼縣

以上俱二千里

寧羌州

以上除南西外東北俱二千五百里

昭通府屬軍犯編發邊遠極邊地方

邊遠

東至廣西平樂府

賀　縣

富川縣

南至抵海不足三千里

西至抵邊不足三千里

北至陝西漢中府

鳳　縣

南鄭縣

極邊

東至廣東廣州府

增城縣

南海縣

番禺縣

南至抵海不足四千里

西至抵邊不足四千里

北至陝西乾州

永壽縣

以上除南西外東北俱

三千里

又至郴州

長武縣

以上除南西外東北俱四千里

昭通府屬軍犯編發烟瘴地方

烟瘴

應發烟瘴人犯解赴隔遠之廣東巡撫衙門酌撥安置

東川府屬軍犯編發附近近邊地方

附近

東至廣西柳州府

柳城縣

馬平縣

南至廣西思恩府

遷江縣

西至本省順寧府

雲州

北至四川綿州

近邊

東至廣西桂林府

臨桂縣

陽朔縣

又至平樂府

平樂縣

南至抵海不足二千五百里

西至抵邊不足二千五百里

北至陝西漢中府

梓潼縣
以上俱二千里

寧羌州
以上除南西外東北俱二千五百里

東川府屬軍犯編發邊遠極邊地方

邊遠

東至廣西平樂府
賀　縣
富川縣
南至抵海不足三千里
西至抵邊不足三千里
北至陝西漢中府
鳳縣
南鄭縣

極邊

東至廣東廣州府
增城縣
南海縣
番禺縣
南至抵海不足四千里
西至抵邊不足四千里
北至陝西乾州
永壽縣

以上除南西外東北俱

三千里

又至邠州

長武縣

以上除南西外東北俱四千里

東川府屬軍犯編發烟瘴地方

烟瘴

應發烟瘴人犯解赴隔遠之廣東巡撫衙門酌撥安置

欽定五軍道里表　卷十七

欽定五軍道里表卷之十八

貴州

貴陽府屬軍犯編發附近近邊地方

附近	近邊
東至湖南長沙府	東至湖南永州府
長沙縣	祁陽縣
善化縣	零陵縣
湘潭縣	又至湖北漢陽府
醴陵縣	漢陽縣

又至湖北荆州府
江陵縣
南至廣西平樂府
富川縣
賀　縣
昭平縣
西至雲南大理府
雲南縣
趙　州
太和縣
北至四川綿州

又至武昌府
江夏縣
又至江西臨江府
新喻縣
清江縣
南至廣東肇慶府
高要縣
西至雲南永昌府
保山縣
北至陝西漢中府
寧羌州

梓潼縣

以上俱二千里

以上俱二千五百里

貴陽府屬軍犯編發邊遠極邊地方

邊遠

東至湖北黃州府
廣濟縣
黃梅縣
又至江西南昌府
進賢縣
又至撫州府
臨川縣
東鄉縣

極邊

東至福建建寧府
建安縣
甌寧縣
又至浙江嚴州府
桐廬縣
又至杭州府
富陽縣
又至江蘇江寧府

又至饒州府
安仁縣
又至安徽安慶府
宿松縣
南至廣東廣州府
東莞縣
增城縣
西至抵邊不足三千里
北至陝西漢中府
鳳　縣
以上除西外東南北俱

江寧縣
句容縣
南至廣東潮州府
海陽縣
西至抵邊不足四千里
北至陝西乾州
永壽縣
又至邠州
長武縣
以上除西外東南北俱四千里

三千里

貴陽府屬軍犯編發烟瘴地方

烟瘴

應發烟瘴人犯解赴隔遠之廣西巡撫衙門酌撥安置

思州府屬軍犯編發附近近邊地方

附近

東至江西臨江府
新喻縣
清江縣
又至湖北漢陽府
漢陽縣
又至武昌府
江夏縣
南至廣西平樂府

近邊

東至江西撫州府
東鄉縣
臨川縣
又至饒州府
安仁縣
又至九江府
德安縣
德化縣

富川縣
賀　縣
西至四川資州
資陽縣
又至成都府
簡　州
又至雲南雲南府
祿豐縣
又至楚雄府
廣通縣
又至澂江府

又至湖北黃州府
廣濟縣
黃梅縣
又至安徽安慶府
宿松縣
南至廣東肇慶府
高要縣
西至雲南大理府
趙　州
雲南縣
太和縣

新興州
又至臨安府
嶍峨縣
北至河南南陽府
新野縣
以上俱二千里

又至元江州
新平縣
北至河南許州
襄城縣
又至汝州
郟　縣
又至開封府
禹　州
以上俱二千五百里

思州府屬軍犯編發邊遠極邊地方

邊遠

東至安徽安慶府
懷寧縣
又至池州府
貴池縣
青陽縣
又至江西廣信府
玉山縣
又至浙江衢州府

極邊

東至浙江紹興府
餘姚縣
上虞縣
又至寧波府
慈谿縣
南至廣東潮州府
海陽縣
饒平縣

常山縣
西安縣
又至福建邵武府
邵武縣
南至廣東廣州府
東莞縣
又至惠州府
博羅縣
西至雲南永昌府
永平縣
保山縣

西至抵邊不足四千里
北至陝西邠州
長武縣
又至延安府
甘泉縣
又至鄜州
洛川縣
又至甘肅平凉府
平凉縣
又至涇州
以上除西外東南北俱四千里

北至河南河南府
澠池縣
又至陜州
靈寶縣
又至懷慶府
河内縣
又至山西澤州府
鳳臺縣
以上俱三千里

思州府屬軍犯編發烟瘴地方

烟瘴

應發烟瘴人犯解赴隔遠之廣西巡撫衙門酌撥安置

思南府屬軍犯編發附近近邊地方

附近

東至湖南長沙府

醴陵縣

又至江西袁州府

萍鄉縣

南至廣西平樂府

平樂縣

又至桂林府

陽朔縣

近邊

東至江西臨江府

清江縣

又至南昌府

豐城縣

又至湖北黄州府

黄岡縣

南至廣西梧州府

蒼梧縣

西至四川成都府
成都縣
華陽縣
雙流縣
新津縣
又至邛州
又至雲南雲南府
安寧州
祿豐縣
又至澂江府
新興州

又至廣東肇慶府
封川縣
西至雲南元江州
新平縣
又至楚雄府
姚州
又至大理府
雲南縣
北至河南南陽府
新野縣
南陽縣

又至臨安府

嵋峨縣

北至湖北安陸府

荆門州

以上俱二千里

南召縣

裕州

以上俱二千五百里

欽定五軍道里表　卷十八　十三

思南府屬軍犯編發邊遠極邊地方

邊遠

東至江西九江府

德化縣

湖口縣

彭澤縣

又至饒州府

安仁縣

又至廣信府

貴溪縣

極邊

東至浙江杭州府

富陽縣

仁和縣

錢塘縣

又至江蘇江寧府

句容縣

又至鎮江府

丹陽縣

弋陽縣
興安縣
又至建昌府
南城縣
新城縣
又至安徽安慶府
宿松縣
太湖縣
潛山縣
南至廣東廣州府
三水縣

又至常州府
武進縣
陽湖縣
南至廣東潮州府
惠來縣
普寧縣
揭陽縣
西至抵邊不足四千里
北至陝西西安府
三原縣
耀州

西至雲南永昌府
永平縣
北至河南汝州
郟縣
又至河南府
洛陽縣
以上俱三千里

同官縣
咸陽縣
醴泉縣
又至乾州
又至鄜州
宜君縣
以上除西外東南北俱四千里

[illegible]

以上解西安府[illegible]四十[illegible]里

[illegible]縣

又[illegible]縣

又[illegible]縣

[illegible]縣

[illegible]縣

[illegible]縣

思南府屬軍犯編發烟瘴地方

烟瘴

應發烟瘴人犯解赴隔遠

之廣西巡撫衙門酌撥

安置

鎮遠府屬軍犯編發附近近邊地方

附近

東至江西袁州府

分宜縣

又至臨江府

新喻縣

又至湖北漢陽府

漢川縣

漢陽縣

又至武昌府

近邊

東至江西南昌府

進賢縣

又至撫州府

東鄉縣

臨川縣

又至南康府

建昌縣

又至九江府

江夏縣	德安縣
南至廣西平樂府	又至湖北黃州府
富川縣	廣濟縣
昭平縣	黃梅縣
西至雲南楚雄府	南至廣西梧州府
廣通縣	蒼梧縣
楚雄縣	又至廣東肇慶府
鎮南州	封川縣
北至湖北襄陽府	德慶州
襄陽縣	西至雲南大理府
又至河南南陽府	趙州

新野縣

以上俱二千里

太和縣

北至河南南陽府

葉　縣

又至許州

襄城縣

又至開封府

禹　州

又至汝州

郟　縣

以上俱二千五百里

鎮遠府屬軍犯編發邊遠極邊地方

邊遠

東至安徽池州府
東流縣
南貴池縣
青陽縣
又至安慶府
懷寧縣
又至江西廣信府
又至山縣

極邊

東至浙江紹興府
山陰縣
又會稽縣
上虞縣
南至廣東潮州府
普寧縣
北揭陽縣
西海陽縣

又至浙江衢州府
常山縣
又至福建邵武府
光澤縣
邵武縣
南至廣東廣州府
南海縣
番禺縣
增城縣
西至雲南永昌府
保山縣

西至抵邊不足四千里
北至陝西乾州
永壽縣
又至邠州
長武縣
又至鄜州
洛川縣
又至甘肅涇州
以上除西外東南北俱四千里

北至河南河南府
新安縣
澠池縣
又至懷慶府
河內縣
又至陜州
以上俱三千里

鎮遠府屬軍犯編發烟瘴地方

烟瘴

應發烟瘴人犯解赴隔遠之廣西巡撫衙門酌撥安置

石阡府屬軍犯編發附近近邊地方

附近

東至江西袁州府
宜春縣
分宜縣
又至湖北安陸府
天門縣
又至漢陽府
漢川縣
南至廣西平樂府

近邊

東至江西南昌府
豐城縣
南昌縣
新建縣
又至湖北黄州府
蘄水縣
南至廣西梧州府
蒼梧縣

平樂縣
富川縣
又至桂林府
陽朔縣
西至四川成都府
雙流縣
新津縣
成都縣
華陽縣
又至邛州
又至雲南雲南府

又至廣東肇慶府
封川縣
西至雲南大理府
趙　州
雲南縣
太和縣
北至河南南陽府
南陽縣
南召縣
裕　州
葉　縣

祿豐縣

又至楚雄府

廣通縣

楚雄縣

又至臨安府

嶍峨縣

北至湖北襄陽府

宜城縣

以上俱二千里

以上俱二千五百里

石阡府屬軍犯編發邊遠極邊地方

邊遠

東至江西九江府

彭澤縣

又至建昌府

新城縣

又至廣信府

弋陽縣

興安縣

又上饒縣

極邊

東至江蘇江寧府

句容縣

又至鎮江府

丹陽縣

又至常州府

武進縣

陽湖縣

又至浙江紹興府

又至安徽池州府

東流縣

又至安慶府

潛山縣

懷寧縣

南至廣東肇慶府

高要縣

又至廣州府

三水縣

西至雲南永昌府

永平縣

蕭山縣

山陰縣

會稽縣

南至廣東潮州府

惠來縣

西至抵邊不足四千里

北至陝西乾州

永壽縣

又至邠州

長武縣

又至鄜州

保山縣
北至河南河南府
洛陽縣
新安縣
以上俱三千里

宜君縣
中部縣
以上除西外東南北俱四千里

石阡府屬軍犯編發烟瘴地方

烟瘴

應發烟瘴人犯解赴隔遠之廣西巡撫衙門酌撥安置

銅仁府屬軍犯編發附近近邊地方

附近

東至江西南昌府
豐城縣
南昌縣
新建縣
又至湖北黃州府
黃岡縣
蘄水縣
南至廣西平樂府

近邊

東至江西廣信府
弋陽縣
興安縣
上饒縣
又至建昌府
南城縣
新城縣
又至九江府

富川縣
昭平縣
西至四川重慶府
永川縣
榮昌縣
又至雲南雲南府
昆明縣
安寧州
呈貢縣
晉寧州
祿豐縣

彭澤縣
又至安徽安慶府
潛山縣
懷寧縣
南至廣東肇慶府
封川縣
德慶州
西至雲南楚雄府
楚雄縣
鎮南州
姚州

又至澂江府

新興州

北至河南南陽府

南召縣

裕　州

葉　縣

又至許州

襄城縣

以上俱二千里

又至元江州

新平縣

北至河南河南府

洛陽縣

新安縣

澠池縣

以上俱二千五百里

銅仁府屬軍犯編發邊遠極邊地方

邊遠

東至浙江衢州府
龍游縣
又至金華府
蘭谿縣
又至安徽寧國府
南陵縣
又至太平府
蕪湖縣

極邊

東至浙江寧波府
鎮海縣
鄞縣
南至廣東潮州府
海陽縣
西至抵邊不足四千里
北至陝西延安府
膚施縣

當塗縣
南至廣東廣州府
南海縣
番禺縣
增城縣
西至雲南永昌府
永平縣
北至河南陝州
閿鄉縣
又至陝西同州府
華陰縣

以上除西外東南北俱四千里

華州

又至西安府

渭南縣

以上俱三千里

銅仁府屬軍犯編發烟瘴地方

烟瘴

應發烟瘴人犯解赴隔遠之廣西巡撫衙門酌撥安置

黎平府屬軍犯編發附近近邊地方

附近

東至湖南長沙府
醴陵縣
又至江西袁州府
萍鄉縣
南至廣東肇慶府
高要縣
西至雲南雲南府
安寧州

近邊

東至江西臨江府
新喻縣
清江縣
又至南昌府
豐城縣
又至湖北黃州府
黃岡縣
南至廣東廣州府

祿豐縣
嵩明州
昆明縣
呈貢縣
又至四川叙州府
隆昌縣
北至湖北荊州府
江陵縣
又至安陸府
潛江縣
天門縣

東莞縣
增城縣
又至惠州府
博羅縣
西至雲南楚雄府
楚雄縣
鎮南州
北至河南南陽府
新野縣
南陽縣
以上俱二千五百里

以上俱二千里

欽定五軍道里表　卷十八　雲南　三

黎平府屬軍犯編發邊遠極邊地方

邊遠

東至江西撫州府

東鄉縣

又至饒州府

安仁縣

又至廣信府

貴溪縣

又至九江府

德化縣

極邊

東至浙江嚴州府

桐廬縣

又至杭州府

富陽縣

仁和縣

錢塘縣

又至紹興府

蕭山縣

湖口縣
又至建昌府
南城縣
又至湖北黃州府
黃梅縣
又至安徽安慶府
宿松縣
太湖縣
南至廣東惠州府
海豐縣
陸豐縣

又至江蘇江寧府
句容縣
又至鎮江府
丹陽縣
南至廣東潮州府
潮陽縣
西至抵邊不足四千里
北至山西沁州
武鄉縣
又至太原府
祁縣

西至雲南永昌府

永平縣

北至河南許州

襄城縣

又至汝州

郟縣

以上俱三千里

又至遼州

榆社縣

又至陝西西安府

三原縣

耀州

同官縣

以上除西外東南北俱四千里

黎平府屬軍犯編發烟瘴地方

烟瘴

應發烟瘴人犯解赴隔遠之廣西廵撫衙門酌撥安置

安順府屬軍犯編發附近近邊地方

附近

東至湖南長沙府
益陽縣
寧鄉縣
長沙縣
善化縣
又至湖北荆州府
公安縣
南至廣西桂林府

近邊

東至湖南衡州府
衡山縣
衡陽縣
清泉縣
又至湖北漢陽府
漢川縣
又至江西袁州府
宜春縣

陽朔縣
又至平樂府
平樂縣
西至雲南永昌府
永平縣
北至四川綿州
梓潼縣
以上俱二千里

分宜縣
南至廣西梧州府
蒼梧縣
又至廣東肇慶府
封川縣
德慶州
西至雲南永昌府
騰越州
北至陝西漢中府
寧羌州
又至四川保寧府

廣元縣

以上俱二千五百里

安順府屬軍犯編發邊遠極邊地方

邊遠	極邊
東至湖北黄州府	東至福建延平府
黄岡縣	順昌縣
蘄水縣	南平縣
又至江西南昌府	又至浙江金華府
南昌縣	蘭谿縣
新建縣	又至嚴州府
進賢縣	建德縣
又至南康府	又至安徽太平府

建昌縣
南至廣東廣州府
南海縣
番禺縣
西至抵邊不足三千里
北至陝西漢中府
褒城縣
以上除西外東南北俱
三千里

蕪湖縣
當塗縣
南至廣東潮州府
惠來縣
普寧縣
西至抵邊不足四千里
北至陝西西安府
長安縣
咸寧縣
咸陽縣
又至乾州

永壽縣

以上除西外東南北俱四千里

[illegible]

安順府屬軍犯編發烟瘴地方

烟瘴

應發烟瘴人犯解赴隔遠之廣西巡撫衙門酌撥安置

欽定五軍道里表　卷十八

都匀府屬軍犯編發附近近邊地方

附近

東至湖南長沙府
醴陵縣
又至江西袁州府
萍鄉縣
南至廣西梧州府
蒼梧縣
又至廣東肇慶府
封川縣

近邊

東至江西臨江府
清江縣
又至南昌府
豐城縣
又至湖北黄州府
黄岡縣
南至廣東肇慶府
高要縣

西至四川成都府
新津縣
成都縣
華陽縣
雙流縣
又至邛州
又至雲南楚雄府
鎮南州
姚州
又至元江州
北至湖北安陸府

又至廣州府
三水縣
西至雲南永昌府
永平縣
北至河南南陽府
新野縣
南陽縣
南召縣
以上俱二千五百里

荊門州

以上俱二千里

都匀府屬軍犯編發邊遠極邊地方

邊遠

東至江西饒州府
安仁縣
又至廣信府
貴溪縣
弋陽縣
又至建昌府
南城縣
又至九江府

極邊

東至浙江杭州府
富陽縣
錢塘縣
仁和縣
又至江蘇江寧府
句容縣
又至鎮江府
丹陽縣

德化縣
湖口縣
彭澤縣
又至安徽安慶府
宿松縣
太湖縣
潛山縣
南至廣東廣州府
東莞縣
又至惠州府
博羅縣

南至廣東潮州府
潮陽縣
西至抵邊不足四千里
北至山西沁州
武鄉縣
又至遼州
榆社縣
又至太原府
祁縣
又至陝西西安府
耀州

西至雲南永昌府
騰越州
北至河南開封府
禹州
新鄭縣
鄭州
又至汝州
以上俱三千里
同官縣
以上除西外東南北俱四千里

欽定五軍道里表　卷十六

都匀府屬軍犯編發烟瘴地方

烟瘴

應發烟瘴人犯解赴隔遠

之廣西巡撫衙門酌撥

安置

平越府屬軍犯編發附近近邊地方

附近	近邊
東至湖南衡州府	東至湖南郴州
衡山縣	宜章縣
衡陽縣	又至桂陽州
清泉縣	臨武縣
又至江西袁州府	又至湖北黃州府
萍鄉縣	黃岡縣
南至廣西平樂府	又至江西南昌府
賀　縣	豐城縣

昭平縣	南昌縣
西至四川邛州	新建縣
又至成都府	南至廣東肇慶府
新津縣	高要縣
又至雲南大理府	西至雲南永昌府
趙　州	永平縣
雲南縣	北至河南南陽府
又至楚雄府	新野縣
姚　州	南陽縣
又至元江州	南召縣
新平縣	裕　州

北至湖北安陸府
荆門州
又至襄陽府
宜城縣
以上俱二千里

以上俱二千五百里

欽定五軍道里表　卷十八

平越府屬軍犯編發邊遠極邊地方

邊遠

東至江西廣信府

貴溪縣

弋陽縣

興安縣

又至饒州府

安仁縣

又至九江府

湖口縣

極邊

東至浙江杭州府

錢塘縣

仁和縣

富陽縣

又至江蘇鎮江府

丹陽縣

又至常州府

武進縣

彭澤縣
又至建昌府
南城縣
新城縣
又至安徽安慶府
太湖縣
潛山縣
南至廣東廣州府
南海縣
番禺縣
東莞縣

陽湖縣
南至廣東潮州府
海陽縣
西至抵邊不足四千里
北至陝西西安府
長安縣
咸寧縣
咸陽縣
醴泉縣
以上除西外東南北俱四千里

西至雲南永昌府

騰越州

北至河南汝州

郟縣

又至河南府

洛陽縣

以上俱三千里

平越府屬軍犯編發烟瘴地方

烟瘴

應發烟瘴人犯解赴隔遠之廣西巡撫衙門酌撥安置

大定府屬軍犯編發附近近邊地方

附近

東至湖南常德府
武陵縣
龍陽縣
又至澧州
石門縣
又至長沙府
益陽縣
南至廣西桂林府

近邊

東至湖南長沙府
湘潭縣
醴陵縣
又至衡州府
衡山縣
又至湖北安陸府
潛江縣
天門縣

陽朔縣
又至平樂府
平樂縣
西至雲南大理府
趙州
太和縣
北至四川保寧府
昭化縣
廣元縣
又至陝西漢中府
寧羌州
又至江西袁州府
萍鄉縣
南至廣西平樂府
賀縣
又至梧州府
蒼梧縣
西至雲南永昌府
保山縣
北至陝西漢中府
褒城縣
以上俱二千五百里

以上俱二千里

大定府屬軍犯編發邊遠極邊地方

邊遠

東至湖南郴州
永興縣
宜章縣
又至湖北黃州府
黃岡縣
又至江西臨江府
清江縣
又至南昌府

極邊

東至浙江衢州府
西安縣
龍游縣
又至安徽寧國府
南陵縣
又至太平府
蕪湖縣
南至廣東惠州府

豐城縣
南至廣東肇慶府
高要縣
又至廣州府
三水縣
西至抵邊不足三千里
北至陝西鳳翔府
寶雞縣
以上除西外東南北俱
三千里

陸豐縣
又至潮州府
惠來縣
西至抵邊不足四千里
北至甘肅涇州
又至平涼府
平涼縣
以上除西外東南北俱四千里

大定府屬軍犯編發烟瘴地方

烟瘴

應發烟瘴人犯解赴隔遠之廣西巡撫衙門酌撥安置

欽定五軍道里表　卷十六

遵義府屬軍犯編發附近近邊地方

附近

東至湖南長沙府
寧鄉縣
長沙縣
善化縣
湘潭縣
又至湖北荊州府
江陵縣
南至廣西桂林府

近邊

東至江西袁州府
宜春縣
分宜縣
又至臨江府
新喻縣
又至湖北漢陽府
漢川縣
漢陽縣

興安縣
靈川縣
臨桂縣
西至雲南楚雄府
楚雄縣
鎮南州
姚　州
又至元江州
北至四川保寧府
劍　州
昭化縣

又至武昌府
江夏縣
南至廣西平樂府
賀　縣
富川縣
昭平縣
西至雲南永昌府
永平縣
北至陝西漢中府
沔　縣
褒城縣

以上俱二千里

以上俱二千五百里

遵義府屬軍犯編發邊遠極邊地方

邊遠

東至江西南昌府
南昌縣
新建縣
進賢縣
又至南康府
建昌縣
又至九江府
德安縣

極邊

東至浙江金華府
蘭谿縣
又至嚴州府
建德縣
桐廬縣
又至福建延平府
南平縣
又至建寧府

又至撫州府
東鄉縣
臨川縣
又至湖北黃州府
廣濟縣
南至廣東肇慶府
封川縣
德慶州
高要縣
西至雲南永昌府
騰越州

建安縣
甌寧縣
又至安徽太平府
當塗縣
又至江蘇江寧府
江寧縣
南至廣東惠州府
海豐縣
西至抵番不足四千里
北至甘肅涇州
又至平涼府

北至陝西鳳翔府
寶雞縣
又至漢中府
鳳縣
以上俱三千里

平凉縣
以上除西外東南北俱四千里

遵義府屬軍犯編發烟瘴地方

烟瘴

應發烟瘴人犯解赴隔遠之廣西廵撫衙門酌撥安置

南籠府屬軍犯編發附近近邊地方

附近

東至湖南常德府

桃源縣

南至廣西桂林府

永福縣

臨桂縣

西至雲南永昌府

永平縣

保山縣

近邊

東至湖南長沙府

寧鄉縣

長沙縣

善化縣

南至廣西平樂府

平樂縣

富川縣

昭平縣

北至四川成都府
簡州
成都縣
華陽縣
又至資州
資陽縣
以上俱二千里

西至雲南永昌府
騰越州
北至湖北荆州府
公安縣
江陵縣
又至四川綿州
梓潼縣
以上俱二千五百里

南籠府屬軍犯編發邊遠極邊地方

邊遠

東至湖南衡州府
衡陽縣
清泉縣
又至永州府
祁陽縣
又至湖北漢陽府
漢川縣
又至江西袁州府

極邊

東至江西廣信府
上饒縣
玉山縣
又至安徽安慶府
懷寧縣
又至池州府
貴池縣
又至福建邵武府

宜春縣
分宜縣
又至臨江府
新喻縣
南至廣西梧州府
蒼梧縣
又至廣東肇慶府
封川縣
德慶州
西至抵邊不足三千里
北至陝西漢中府

光澤縣
南至廣東惠州府
海豐縣
西至抵邊不足四千里
北至陝西鳳翔府
鳳翔縣
岐山縣
寶雞縣
以上除西外東南北俱四千里

寧羌州

以上除西外東南北俱

三千里

欽定五軍道里表　卷十六

南籠府屬軍犯編發烟瘴地方

烟瘴

應發烟瘴人犯解赴隔遠之廣西巡撫衙門酌撥安置

仁懷廳屬軍犯編發附近近邊地方

附近

東至湖南常德府

桃源縣

南至湖南寶慶府

武岡州

四至雲南雲南府

嵩明州

昆明縣

安寧州

近邊

東至湖南長沙府

寧鄉縣

長沙縣

善化縣

又至湖北荆州府

公安縣

江陵縣

南至廣西桂林府

呈貢縣

晉寧州

北至四川成都府

成都縣

華陽縣

新都縣

漢州

又至綿州

德陽縣

以上俱二千里

全州

興安縣

西至雲南楚雄府

楚雄縣

鎮南州

又至元江州

北至四川保寧府

劍州

以上俱二千五百里

仁懷廳屬軍犯編發邊遠極邊地方

邊遠

東至江西袁州府

宜春縣

分宜縣

又至湖北漢陽府

漢川縣

南至廣西平樂府

昭平縣

富川縣

極邊

東至江西廣信府

上饒縣

玉山縣

又至建昌府

新城縣

又至福建邵武府

光澤縣

又至安徽安慶府

西至雲南永昌府
永平縣
北至陜西漢中府
沔　縣
以上俱三千里

懷寧縣
南至廣東廣州府
南海縣
番禺縣
增城縣
西至抵番不足四千里
北至陜西鳳翔府
扶風縣
又至乾州
武功縣
以上除西外東南北俱四千里

仁懷廳屬軍犯編發烟瘴地方

烟瘴

應發烟瘴人犯解赴隔遠之廣西巡撫衙門酌撥安置